Was ist zeitgenössische Kunst oder
Wozu Kunstgeschichte?

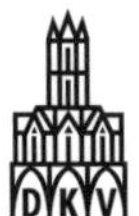

OPAION   BAND 2

Schriften aus dem Kunsthistorischen Institut Bonn

Anne-Marie Bonnet

Was ist zeitgenössische Kunst oder Wozu Kunstgeschichte?

DEUTSCHER KUNSTVERLAG

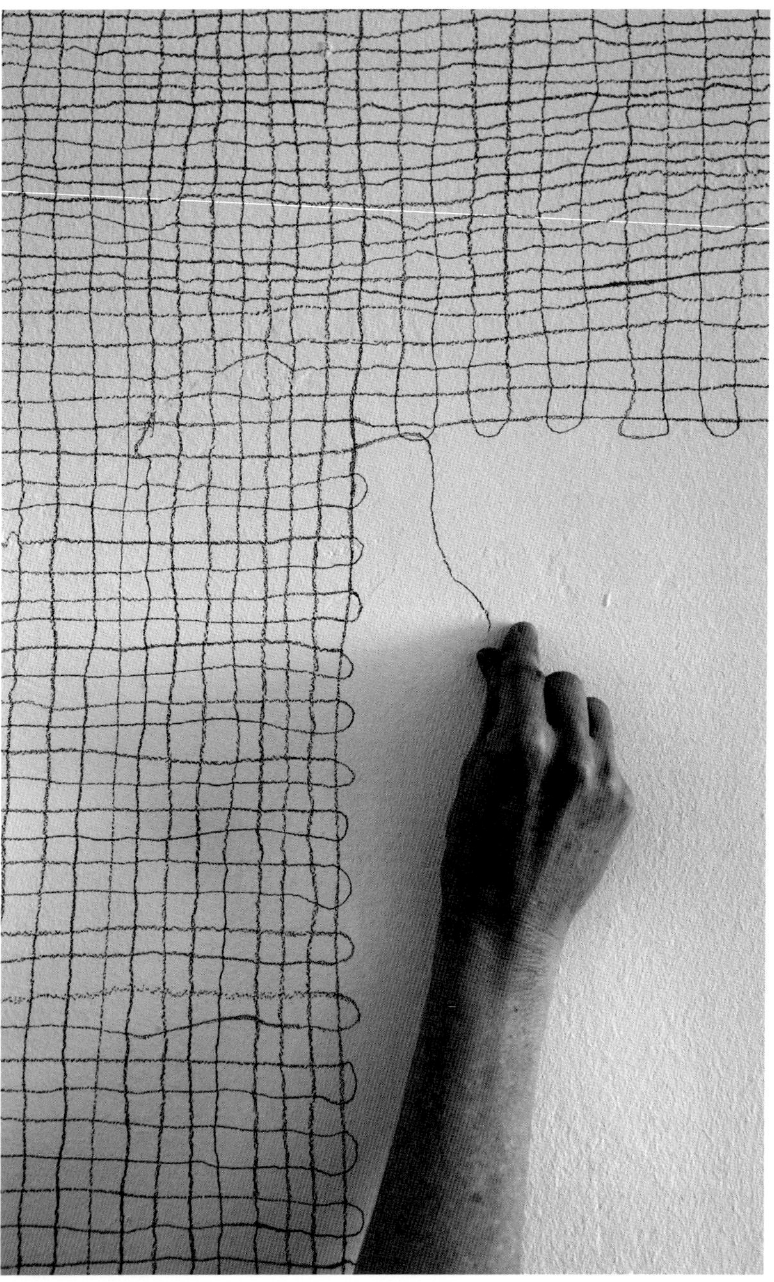

INHALT

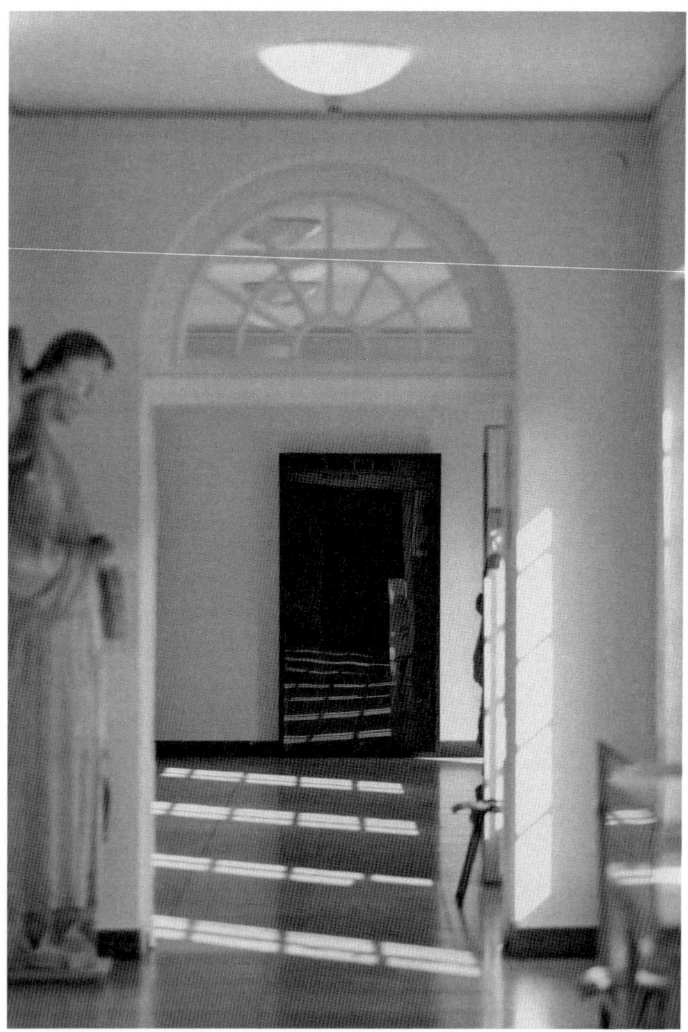

1   Stefan Hunstein, Tür, 2006, schwarzes Foto, Unikat, 224 × 124 cm, Ausstellung »Sind Bilder Erinnerungen? Wer träumt, wenn ich träume?« 2006 im KHI (© Jean-Luc Ikelle-Matiba) (vgl. auch Abb. 12, 27)

Das großformatige Foto war Teil einer Ausstellung über Erinnerung und wurde für den Ort, an dem es sich auch heute befindet, geschaffen. Im Rahmen der Ausstellung, die den Umgang mit Ereignissen aus dem sog. Dritten Reich verhandelte, thematisierte es die Black Box des Erinnerns – eine Tür in die Vergangenheit, die doch eine lange Zukunft hat. Das Werk bietet sich als Metapher für die Kunstgeschichte an: Die Gegenwart spiegelt sich darin und zugleich öffnet sie den Zugang zu dem schier unergründlichen Fundus des Vergangenen.

VORWORT

Noch nie waren moderne und zeitgenössische Kunst so vielfältig und umfangreich, noch nie waren sie medial so präsent wie in den letzten beiden Dekaden: Zu den Berichten über spektakuläre Auktionsergebnisse und Messe-Events sowie zu einer weltweiten Multiplikation von Museumsneubauten und Biennalen kommt eine nahezu unüberschaubare Flut an Künstler*innen- und Ausstellungskatalogen. Diese Phänomene und die damit einhergehende Unübersichtlichkeit werden begleitet von einer Fülle an Literatur, die sich als Hilfestellung versteht. Sie befasst sich beispielsweise mit den Themen: ›Wie erkenne ich gute Kunst?‹, ›Wie sammeln?‹ oder ›Alles über die Kunstwelt‹. Zugleich veröffentlichen die wichtigen Protagonist*innen der Kunstwelt immer wieder Befragungen zu deren Ethik wie auch Versuche, eine Bilanz der Verfasstheit heutiger Produktion, Distribution und Rezeption von Kunst zu ziehen. Diese Literatur zielt teils auf ein breites Publikum, teils ist sie hochspezialisiert und stammt vorwiegend von unmittelbar an der Bedeutungserzeugung Beteiligten; hier verblüfft die Zurückhaltung der Kunstgeschichte. Im vorliegenden Essay wird dezidiert aus der Position der Kunstgeschichte und aus einer kritischen Zeitgenossenschaft heraus Stellung bezogen. Der Bedeutung des Wortes entsprechend werden keine Thesen formuliert oder Erklärungen gegeben, sondern verknüpfte Beobachtungen und diagnostische Umschreibungen erprobt.

Lange wurde zwischen Kunstkritik und Kunstgeschichte unterschieden: Begleitete die Kunstkritik das aktuelle Geschehen, so widmete sich die Kunstgeschichte den historischen Prozessen. Erst seit circa 25 Jahren ist moderne Kunst in Deutschland im Curriculum der kunsthistorischen Ausbildung enthalten. Aber wer schreibt eigentlich die Kunstgeschichte der Moderne? Seit wann und wozu? Es soll keine weitere vermeintlich aufklärende Abhandlung über den heutigen ›Morast der Kapitalisierung von Kunst‹ geboten werden, sondern jenen Fragen nachgegangen werden, die spätestens seit Joseph Beuys' Tod (1986) nicht mehr gestellt werden: Was eigentlich will die Kunst? Was erwarten wir von ihr? An welchen Orten trifft man auf sie? Warum geht man ins Museum? Warum wird nicht mehr über Inhalte, Formen, Funktionen von Kunst und deren Rolle in der Gesellschaft gesprochen, sondern fast nur noch über deren finanziellen Wert? Wie haben sich die Strukturen bzw. ›Netzwerke‹ der Kunstwelt entwickelt?

Es ist nicht Aufgabe der Kunstgeschichte, zu bestimmen, was ›Kunst sei‹. Vielmehr geht es darum, die Geschichte der sich wandelnden Vorstellungen davon nachzuvollziehen, was ›als Kunst betrachtet‹ wird. Will man das Spezifische der Kulturtechnik ›Kunst‹ verstehen, muss man jenseits ihrer Formen und Inhalte verfolgen, wie sich Status, Funktionen, Orte und Möglichkeiten verändern, Kunst zu produzieren und zu rezipieren: In und mit welchen oder gegen welche visuellen Öffentlichkeiten argumentieren, artikulieren sich die Bildenden Künste? Im Rahmen eines Essays können angesichts der Komplexität der genannten Prozesse nur einige Schlaglichter in skizzenhafter Vereinfachung geboten werden; dies sollte jedoch genügen, um in aufgefächerter Diskussion bei einem breiteren Publikum die intendierte Revision althergebrachter Vorstellungen anzuregen. Wer Allgemeinverständlichkeit anstrebt, gerät in Deutschland rasch in den Verdacht, populärwissenschaftliche Bücher produzieren zu wollen; diesem Risiko setze ich mich gerne aus.

Es gilt nicht allein, an Genese und Wandel einer Ideen-, Wissens- und Institutionengeschichte der Kunst zu erinnern und damit eine ›Archäologie bestehender Vorstellungen‹ zu betreiben, sondern auch die sich verändernden Bedingungen für Produktion und Rezeption von Kunst zu berücksichtigen. Angesichts des gegebenen Rahmens wird kursorisch, gleichsam mit Siebenmeilenstiefeln, die Voraussetzung für die heutige Situation rekapituliert, um anschließend anhand exemplarischer Fälle und Werke Einblicke in die aktuelle Verfasstheit der Kunstwelt zu bieten. Bei der Antwort auf die Frage, wer die Kunstgeschichte der Moderne bzw. Gegenwart schreibe, geht es weniger um das Bestreben, ein Gefühl der Ohnmacht in Anbetracht der heute offensichtlichen Macht der Ökonomie zu beheben, denn darum, nicht ganz auf die Illusion verzichten zu wollen, dass Künstler*innen mehr leisten, als nur die luxuriöse Dekoration für

Lifestyle und Geltungsdrang mancher Eliten zu liefern. Es gibt nicht ›die‹ Kunst, sondern eine Vielfalt ästhetischer Praktiken, die hier als Ausdruck und Produkte von Erfahrungen jeweils spezifischer Diskurse und Wertsysteme verstanden werden. ›Kunst‹ wird nicht als Angelegenheit stilistischer, formaler und ikonographischer Entwicklungen betrachtet, sondern als individuell bzw. kollektiv spezifischer Modus innerhalb einer säkularen Gesellschaft, das menschliche In-der-Welt-Sein auch jenseits von Politik und Religion zu verhandeln. Einfacher: Künstlerische Positionen vermögen eine Weltverfasstheit und eine Seinsweise zu artikulieren, zu kritisieren bzw. zu erfinden, die abseits der allgegenwärtigen Bilder der Arbeits- und Konsumwelt andere Perspektiven eröffnen. Dazu der Kurator Okwui Enwezor: »Kunst kann die Welt nicht verändern, aber sie kann uns Möglichkeiten geben, die Welt neu zu denken.«

Als in Frankreich sozial und ästhetisch kodierte, aber bereits ein halbes Leben lang sowohl in Deutschland wie auch international kunsthistorisch und kuratorisch tätige Wissenschaftlerin ziehe ich eine persönliche und durchaus parteiische Bilanz der aktuellen Verfasstheit der Kunstwelt. Anlass dafür ist ein Gefühl des Unbehagens und Überdrusses in Anbetracht der Situation der Künste und der eigenen Disziplin in diesem Zusammenhang: Es gibt weitaus mehr spannende Kunst als die herrschenden Medien suggerieren. Bekanntlich gibt es kein Außerhalb-des-Systems, und meine (Er-)Kenntnisse über die Kunst von Moderne und Gegenwart sind nicht nur das Ergebnis einer Schreibtisch-Kunstgeschichte sondern auch der aktiven, seit vielen Jahren erfolgenden Teilhabe und -nahme am zeitgenössischen Geschehen. Objektivität kann hier einzig darin bestehen, dass ich die angewandten Methoden und Erkenntnisziele deutlich deklariere. So viele interessante und anregende, oftmals junge Künstler*innen geben nicht auf, immer wieder neue Kartierungen der Welt und der Künste zu entwerfen, auch ohne in der Öffentlichkeit gewürdigt zu werden. Daher sind Überlegungen geboten, wie das gelegentliche kunsthistorische Ohnmachtsgefühl überwunden und in ein Instrument kritischer Zeitgenossenschaft transformiert werden könnte. Wenn nun mehr Fragen aufgeworfen als Antworten gegeben werden: Sind Fragen nicht anregender als Antworten? Ist nicht Zweifel der Motor der Erkenntnis?

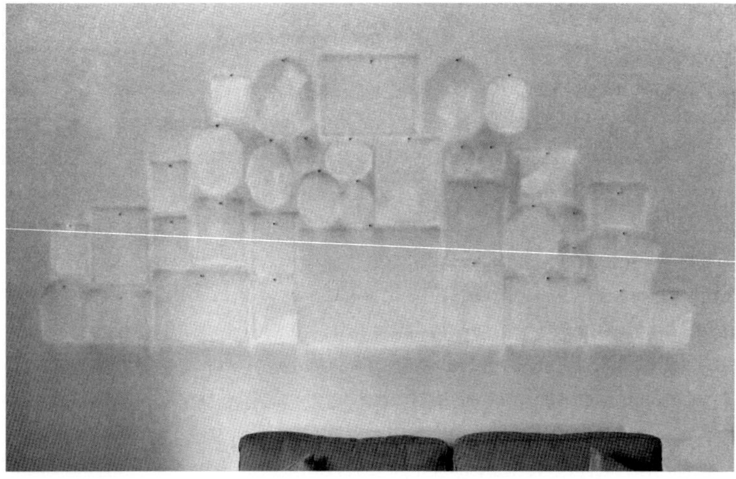

2   Louisa Clement, yet untitled, 2011, Pigmentdruck, 100 × 130 cm, Ausstellung »as found« 2013 im KHI (© Louisa Clement) (vgl. auch Abb. 7, 11, 29)

Die Aufnahme der Wand mit Spuren ehemals dort hängender Bilder, mit ›Schatten‹ oder Spuren der Abwesenheit ist geradezu eine ›Mise en abyme‹ der Fotografie, die bekanntlich die Anwesenheit des Abwesenden vermittelt. Auch dieses Werk kann als Sinnbild des kunsthistorischen Vorgehens verstanden werden, gilt es doch, u. a. Vergangenes wieder gegenwärtig werden zu lassen.

(Die abgebildeten Werke wurden im Zuge von Ausstellungen aufgenommen, die am Kunsthistorischen Institut (KHI) der Universität Bonn stattfanden. Das Institut verfügt nicht nur über eine umfangreiche Lehrgipssammlung mittelalterlicher und neuzeitlicher Arbeiten, sondern auch über eine wachsende Kollektion von Lehr-Remades der Moderne sowie originaler Werke zeitgenössischer Künstler*innen. Alle im vorliegenden Band gezeigten Arbeiten stellen meines Erachtens relevante zeitgenössische Positionen dar, wenngleich sie nicht momentanen Trends des Kunstmarktes entsprechen. Diese Sammlungen werden in dem 2013 gegründeten Paul-Clemen-Museum (PCM) im Kunsthistorischen Institut der Universität Bonn gepflegt, das den Rahmen für regelmäßig auch von Studierenden kuratierte Ausstellungen bietet.)

WHO KNOWS?

Auf die Frage nach dem, was Kunst sei, antwortete Edgar Degas wie eingangs zitiert »Art is not what you see, but what you make others see.« Robert Filliou formulierte: »Art is what makes life more interesting than art«, Jean de Loisy wiederum: »L'art est la géographie de notre conscience.« Diese Aussagen stammen von zwei Künstlern – einem Maler des 19. Jahrhunderts und einem Künstler der Fluxus-Bewegung der 1960er Jahre –, sowie von einem zeitgenössischen Kurator. Wer ist qualifiziert, diese Frage zu beantworten? Wer hat die größte Kompetenz, über Kunst zu urteilen? Die Künstler*innen selbst? Kunstkritiker*innen, -sammler*innen, -kurator*innen, -händler*innen, -erzieher*innen, Museumsdirektor*innen? Ich selbst stelle die Frage als Kunsthistorikerin und Zeitgenossin, die der Kunst seit circa vierzig Jahren ›ausgesetzt‹ ist, ihre Entwicklungen verfolgt und aus westlicher Warte zu verstehen versucht. Im Gegensatz zur Kunstkritik äußert sich die Kunstgeschichte, die sich zumeist mit dem historischen Geschehen aus einer gewissen zeitlichen Distanz heraus befasst, für gewöhnlich nicht zum Tagesgeschehen. Seit der sogenannten Postmoderne, dem Abfall vom Glauben an die große Erzählung der Vergangenheit und dem Wissen von der Relativität rückblickender Rekonstruktionen gibt es die Komfortzone ›historische Distanz‹ nicht mehr. Wenngleich eine kunsthistorische Stellungnahme beabsichtigt, die Kunst im Koordinatennetz des Bestehenden und Geschehenden zu verorten und, statt nur Behauptungen auszusprechen, ihre Positionierungen argumentativ zu belegen, kann sie nur parteiisch sein. Auch äußert sich Kunstgeschichte selten zur Frage, was Kunst sei, sondern reflektiert, was verschiedene Epochen wie und warum als Kunst betrachtet haben. Heute werden Kunstvorstellungen allgemein von Museen, von Ausstellungen und den Medien geprägt. Verkürzt ausgedrückt: Die ›alte Kunst‹ wird von Museen verwaltet, und auf zeitgenössische Kunst trifft man in Ausstellungen, Galerien, Kunstvereinen, Kunsthallen, auf Messen etc.

Museen waren ursprünglich Horte von Geschichte und Tradition, während die Kunst der Moderne und Gegenwart in Opposition dazu entstand (vgl. S. 19ff., 36, 39, 62ff.). Doch heute gibt es zahlreiche Museen der Moderne und der Gegenwart. Wie kam es zu diesem Wandel? Seit wann gibt es Museen der Moderne? Was unterscheidet

Atelier Galerie Verleger*innen Kunst
Kunstakademie Sammler*innen Kunstkritiker*innen
Auktion Kunstzeitschrift Museum
Feuilleton Kunstmuseum Medien Besucher*innen
Kunstgeschichte Museumsdirektor*innen
Kunststiftungen Rahmenmacher*innen
Kunstverein Offspace Netzwerke
Ausstellungskatalog www Kunsthandel
Biennale Kunstmesse Kunst am Bau
Privatmuseum art consultant Kurator*innen
Biennale Kunstpreise Künstler*innen
Ausstellungsarchitekt Kunstkommission/-jury
Privatsammler*innen Kunstliebhaber*innen
Unternehmenssammlungen Kunstarchiv
Unternehmensmuseum Restaurator*innen
Freeports

3   Kontext: Aspekte, Agent*innen, Faktoren, Akteur*innen, Orte im Betriebssystem Kunst (BSK)

Wie sähe eine 3D-Graphik aus, in der all die hier genannten Elemente entsprechend ihrer Bedeutung und ihren jeweiligen Querverbindungen dargestellt wären?

zeitgenössisch und modern? Wann und aus welchem Grund wandert ein Kunstwerk ins Museum? Viel wird von Kunst gesprochen, weniger von den Orten, an denen man auf sie trifft, und der Rolle, die diese für das Verständnis des Ausgestellten spielen. Denn nicht nur die Kunst, auch die Orte und Arten ihrer Präsentation und des Kunsterlebens haben sich verändert. Diesen selten aufgeworfenen Fragen wird im Folgenden nachgegangen, um die heutige Situation nicht als selbstverständlich zu kennzeichnen und andere Perspektiven zu ermöglichen. Produktion, Distribution und Rezeption von Kunst ereignen sich in einem komplexen Geschehen, das einem steten Wandel unterliegt und an dem diverse Faktoren mitwirken sowie unterschiedliche Akteur*innen beteiligt sind (Abb. 3). In immer neuen Annäherungen, zuweilen auch retroperspektivisch, sollen Einblicke in das Entstehen dieser Kunstwelt auf verschiedenen Ebenen geboten werden.

Von ›der‹ Kunst zu sprechen, beinhaltete noch nie, Fülle und Komplexität aller künstlerischen Praktiken zu erfassen; ebenso wenig gibt es ›das‹ Museum oder ›das‹ Kunstmuseum. Da im Folgenden eine allgemeine Revision und eine erste Skizze intendiert sind, werden diese Singularbegriffe als Arbeitsbegriffe im Interesse leichterer Lesbarkeit dennoch verwendet.

IN UND MIT DER ZEIT?

›Zeitgenössisch‹ bedeutet ursprünglich ›gegenwärtig, in der Jetztzeit‹. 2014 realisierte das New Yorker Museum of Modern Art eine Ausstellung zeitgenössischer Malerei unter dem Titel »The Forever Now: Contemporary Painting in an Atemporal World«. Die Jetztzeit wurde *atemporal* genannt, als zeitlos, außerhalb der Zeit erklärt, entsprechend der These, dass sich die Kultur im digitalen Zeitalter in einem Status von Gleichzeitigkeit befinde, in dem also die gesamte Geschichte verfügbar sei bzw. benutzt werden könne. In den 1980er Jahren und während der sogenannten Postmoderne (vgl. S. 57ff., 74, 89) herrschte das Gefühl vor, zu spät gekommen zu sein; alles sei schon einmal gemacht worden und könne nur noch recycelt bzw. ›appropriiert‹ werden. Demgegenüber scheint heute, im digitalen Zeitalter, das Zeitgefühl ausgeschaltet zu sein, im Sinne der Vorstellung, dass alles zugleich vorhanden und verfügbar sei. Die ganze Kulturgeschichte sei lediglich ein stets zur Verfügung stehender Fundus, aus dem geschöpft werden könne; Zeiträume seien in einer großen, diffusen ›Allgegenwart‹ aufgehoben. Wozu noch Geschichte?

»VON HIER AUS«

Vor dem Hintergrund des veränderten Zeitempfindens ist es umso überraschender, dass in den letzten Jahrzehnten auffallend viele Werke erschienen, die fragen, was zeitgenössische Kunst sei oder wer sie bestimme, oder die behaupten, darauf eine Antwort zu haben. In der

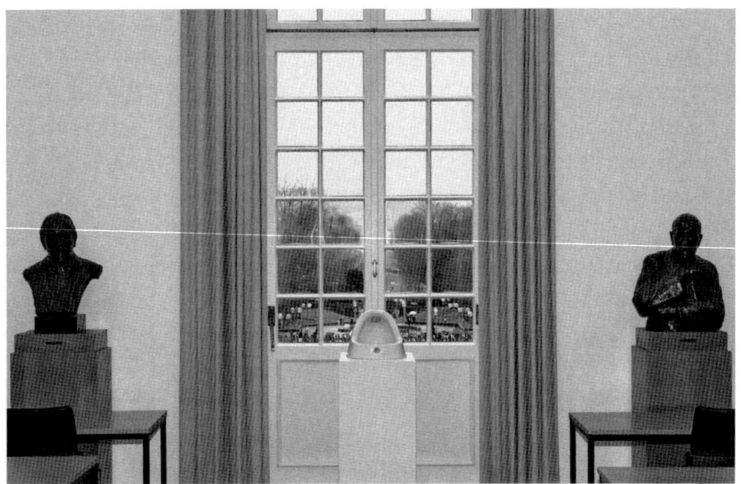

4   Lehr-Remade von Marcel Duchamps »Fountain« (1917), Lehrsammlungen des PCM
(© Jean-Luc Ikelle-Matiba) (vgl. auch Abb. 10, 23)

Das epochale Werk, das als Initialzündung der Konzeptkunst und Institutionskritik gilt, ist immer wieder ein Stein des Anstoßes. Als Lehr-Remade der Moderne des PCM vertritt es einen wichtigen Moment des Umdenkens in der Kunst der Moderne.

großen ›Allgegenwart‹ scheint man folglich doch erkennen zu wollen, was nun besonders gegenwärtig sei.

Versuchte man in den 1980er Jahren anhand großer Ausstellungen (»Westkunst«, »Zeitgeist«, »Von hier aus«, »Bilderstreit« oder »Metropolis«) dem ausufernden Kunstgeschehen Sinn abzugewinnen bzw. zu verleihen (vgl. S. 57ff., 72ff.), so befasst sich die Literatur der letzten Dekade nur noch mit dem sogenannten Betriebssystem Kunst (BSK). Das Interesse für die Bedingungen der Möglichkeit von Kunst scheint die Frage nach deren Sinn, Ort oder Funktion in der gegenwärtigen Gesellschaft abgelöst zu haben. Heute beherrschen Fragen nach dem ›Wert der Kunst‹ die Medien (d.h. die Feuilletons, Kunstmagazine, Kunstmarktberichte). Ein boomender Kunstmarkt und spektakuläre Auktionsergebnisse bestimmen die Diskurse über Kunst. ›Teuer = erfolgreich = bedeutend‹ lautet die aktuelle magische Formel. In den 1960er und 1970er Jahren wurden sich die Künstler*innen zunehmend der Tatsache bewusst, was die sogenannte Freiheit bzw. Autonomie der Kunst bedeutete: dass sie der freien Marktwirtschaft ausgesetzt waren und die Kontrolle über ihr

Werk verloren, sobald es das Atelier verlassen hatte. Dementsprechend entstanden in diesen beiden Jahrzehnten Werke, die den eigenen Status, das Atelier und die Distributionswege thematisierten (›Institutionskritik‹). Bekanntlich hatte Marcel Duchamp mit seinem sich später als epochal erweisenden Ready-made »Fountain« (1917) (Abb. 4) die Problematik jener Mechanismen auf den Punkt gebracht, die bestimmten, was als Kunst zu gelten habe: Kunst beruhe auf Vereinbarungen, und jene Orte, an denen sie ausgehandelt würden, spielten eine maßgebliche Rolle. Dieses Kräftemessen zwischen Produzent*innen, Vermittler*innen, Distributor*innen, Interpret*innen, Aufbewahrer*innen und Sammler*innen des Produktes ›Kunst‹ trat circa sechzig Jahre nach Entstehung des ersten *corpus delicti* in eine neue Ära. Duchamps berühmt-berüchtigtes keramisches *objet trouvé* »Fountain«, das, nur mit einer Signatur versehen, vergeblich der Aufnahme in eine Ausstellung harrte, wurde bekanntlich entsorgt; ›überlebt‹ hat es lediglich in einem Bild des Fotografen Alfred Stieglitz. Es ist ein Werk, das die Komplexität der Frage nach Zeitgenossenschaft exemplarisch zu illustrieren vermag: Infolge seiner Entstehung 1917 wurde es bekannt und scheiterte zugleich, erst in den 1960er Jahren entfaltete es seine Wirkung, nachdem in der Nachkriegszeit eine neue Generation, die immer kritischer auf das ›Betriebssystem Kunst‹ reagierte, dessen konzeptuelle Sprengkraft erfasst hatte. So überrascht nicht, dass Duchamp seinem Objekt gleichsam eine multiplizierte ›Auferstehung‹ erlaubte, indem er 1964 zusammen mit Arturo Schwarz eine Edition auflegte. Wie weit diese *remades* oder *remakes-ready mades* der ursprünglichen *ready made*-Idee noch gerecht werden, kann hier nicht besprochen werden. Deren Entstehung beweist jedoch die Brisanz und Zeitgenossenschaft von Duchamps Konzept. Auch arbeiteten und arbeiten sich Künstler*innen wiederholt an diesen Werken Duchamps geradezu ab – ein Beleg für deren lange währende Relevanz bzw. immer wieder aufflackernde Aktualität?

In den 1970er Jahren fragten sich Künstler*innen zunehmend, wo der Ort zur Präsentation von Kunst sei, und auf der Suche danach entdeckte man den White Cube – den Brian O'Doherty 1976 erstmalig so bezeichnete – als den vermeintlich neutralen Galerieraum (vgl. S. 79ff.). Noch heute fragt man immer wieder nach den Bestimmungsmächten jenseits der ›weißen Zelle‹ und befasst sich erneut, allerdings rein beschreibend und nicht kritisch hinterfragend oder gar aufdeckend, mit dem BSK.

KUNST MACHT MARKT I: MUSEUM

Über das Zustandekommen einer Ausstellung zur Malerei der Gegenwart im Museum of Modern Art berichtete die renommierte New Yorker Kunstkritikerin Roberta Smith 2014, dass die gezeigten Künstler*innen größtenteils vom Markt abgesegnet seien und jeder, der die zeitgenössische Kunstszene verfolgt, sie kenne. Alle hätten schon in kleinen Museen oder Bluechip-Galerien ausgestellt und seien bereits in den Sammlungen des Museum of Modern Art vertreten. Die Ausstellung sehe ordentlich vorbereitet und anständig aus, sie bekräftige das schon Bestätigte, das für den allgemeinen Gebrauch und Konsum tauge. Das moderne Kunstmuseum wird hier als risikolose letzte Bestätigungsinstanz einer Wertschöpfungskette im gegenwärtigen Kunstgeschehen dargestellt.

Immer wieder wird die Frage aufgeworfen, aber nicht beantwortet: Wer ist heute für Bedeutungszuweisungen verantwortlich? Ist es der Markt? Wer sind die sogenannten *managers of meaning*? Wer schreibt die Kunstgeschichte der Gegenwart und Moderne? Die aktuelle Kunstproduktion ist begleitet von vielfältigen Publikationen – Kunstzeitschriften, Ausstellungskatalogen oder Monographien – in kaum überschaubarer Fülle. Dabei handelt es sich mehrheitlich um ›Promotionsliteratur‹; denn welcher Ausstellungskatalog würde kritisch befragen, was gerade ausgestellt wird? Erfolgreiche Künstlerpersönlichkeiten unterhalten eigene ›Bedeutungserzeugungskombinate‹ aus Kritiker*innen, Kurator*innen und Sammler*innen, welche die Deutungshoheit über das jeweilige Kunstschaffen aufbauen und verteidigen. Sich gegenseitig ihrer Bedeutung versichernd spielen Kritiker*innen, Sammler*innen und Künstler*innen einander die Bälle zu. Tatsächlich kritische oder gar wissenschaftliche Auseinandersetzungen mit der Materie sind spärlich. Entsprechend wenig erkenntnisreich oder anregend ist die Lektüre von Beschreibung und Affirmation bzw. Behauptung des Bestehenden. Vermeintlich kritische Stimmen beklagen die Macht des Kunstmarktes sowie der Sammler*innen, stellen sie jedoch weder in

Frage, noch liegen ernsthafte Analysen der real existierenden Netzwerke und Agent*innen vor. Zwei aktuelle Beispiele: Der Künstler Tino Sehgal verdankt die Karriere seines Werkes weitgehend den klugen Schriften der Kunsthistorikerin und gerade auch Ausstellungshistorikerin Dorothea von Hantelmann, einer Expertin ihres Faches, die zugleich in der aktuellen Szene gut vernetzt und überdies Ehefrau des Künstlers ist. Der Maler Gerhard Richter verfügt über die Trias aus Benjamin Buchloh, Dietmar Elger und Hubertus Butin. Diese renommierten Kunstkritiker und -historiker verdanken ihre eigene Bekanntheit wiederum der Monopolstellung, die ihnen die Deutung des als eines der wichtigsten Künstler der Nachkriegszeit aufgebauten Malers verleiht. Künstler*innen lassen ihre eigenen Werkverzeichnisse erstellen und unterhalten Archive ihrer Arbeiten in staatlichen Museen, was für Objektivität und Sachkenntnis bürgt.

MUSEUM DER MODERNE: EIN OXYMORON?

Lange unterschied man zwischen Kunstkritik und Kunstgeschichte, da ersterer das Tagesgeschehen überlassen wurde, während letztere aus einiger zeitlicher Distanz auf das Geschehen zurückzublicken

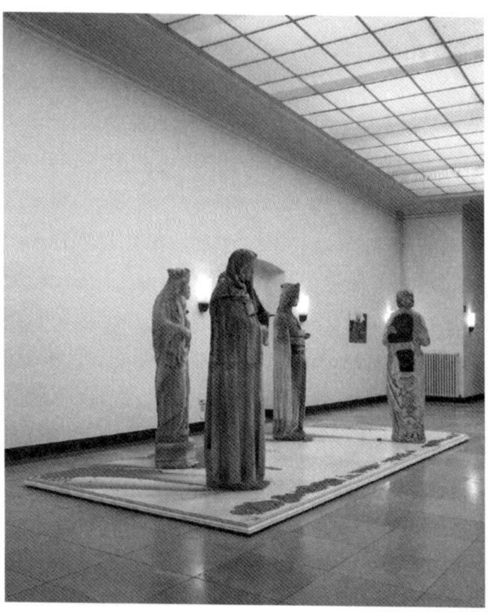

5   Hannah Schneider, Nach Windschatten gehen, 2013, Gipsabgüsse, Sockel, Sand, 207 × 540 × 190 cm, Ausstellung »Hannah Schneider contemporary 2013« im PCM (© Jean-Luc Ikelle-Matiba / © VG Bild-Kunst, Bonn 2017) (vgl. auch Abb. 30)

Als Gewinnerin des CONTEMPORARY Preises 2013 präsentierte Hannah Schneider eine Ausstellung in situ, in der sie u. a. mit den Lehrgipsen und Sand des Rheins eine Installation zum Thema Elemente und Vergänglichkeit schuf.

pflegte. Es gab also immer einen gewissen Jetlag zwischen dem aktuellen Kunstgeschehen und dessen kunsthistorischer Reflexion. Erst wenn die Kunst historisch und museal war, befasste sich die akademische Kunstgeschichte mit ihr. Der Ort für die aktuelle Kunst war der Salon, die Galerie, die Ausstellung, mitnichten das Museum. Dieses stand für den Einzug in die Geschichte und das Bewahren der Tradition. Heute gibt es allerdings nicht nur zahlreiche Museen der Moderne sondern auch Museen zeitgenössischer Kunst – eigentlich ein Oxymoron. Sagte nicht schon Gertrude Stein: »Entweder bist Du modern, oder Du gehst ins Museum«? So viel vorerst holzschnitthaft zur paradoxen Situation zeitgenössischer Kunst aus kunsthistorischer Sicht. Sogenannte historische Distanz garantiert nicht unbedingt einen sachlichen Zugang, ebenso Kunstgeschichte kann manipulieren, was später noch ausgeführt wird. Zunächst geht es darum, eine andere Qualität des Zugriffs zu begründen (Abb. 5) und den Unterschied zwischen einer Behauptung und einem Argument, zwischen Affirmation und kritischer Reflexion zu etablieren. Objektivität besteht darin, die eigenen ›Karten auf den Tisch zu legen‹, d. h. die eigenen Erkenntnisinteressen und -ziele offenzulegen, statt mit der vermeintlichen Autorität einer Kennerschaft zu wuchern.

KUNSTKRITIK VS. KUNSTGESCHICHTE?

Die binsenweise Unterscheidung zwischen Kunstkritik und Kunstgeschichte dient nur zur ersten Orientierung; eine historische Vertiefung ergäbe durchaus Differenzierungen, war doch die erste nachantike Kunstgeschichte im Grunde erste Kunstkritik. Als ›Urvater‹ akademischer Kunstgeschichte gilt Giorgio Vasari, Florentiner Architekt, Hofmaler der Medici und Biograph, Autor der berühmtberüchtigten »Viten«. In diesen Lebensbeschreibungen der besten Maler, Bildhauer und Architekten pries Vasari vor allem Michelangelo, den er als Höhepunkt aller Künste zu etablieren suchte. Dazu entwarf er eine Geschichte der Künste, in der er das Mittelalter als dunkle Periode des Niedergangs (dis-)qualifizierte, um dann die italienischen Vorläufer seiner Zeit zu feiern: Sie hätten jene Blüte vorbereitetet, die sich in seiner eigenen Ära vollzöge, in der die große Zeit der Antike wieder auflebe. Diese großartige Periode wurde

Renaissance getauft und als absoluter Höhepunkt des Möglichen nach antiken Maßstäben gefeiert. Vasaris Kunstgeschichte bildet eine Mischung aus Biographik und Geschichtsschreibung, Quellenkunde und -fälschung, Rekonstruktion und Erfindung. Er nimmt den Habitus des Historikers mit wissenschaftlichem Anspruch an, seine ›historische‹ Argumentation dient jedoch allein dem Selbstlob und der Affirmation der eigenen bzw. florentinischen Überlegenheit. Als also die Künste nach ihrem vermeintlichen Untergang im Mittelalter wiederauferstanden waren (*rinascimento* = Wiedergeburt), wurden sie sogleich ›akademisch‹ begleitet, normiert, kritisiert und historisiert. Die Kunst begann sich als autonomes Feld zu etablieren; Kunstkritik und -geschichte waren noch nicht getrennt. Erst mit der Moderne werden hier maßgebliche Veränderungen eintreten. Zugleich kann das Vorurteil abgebaut werden, moderne Kunst sei theorielastig und erklärungsbedürftig. Denn seitdem es Kunst gibt, wird sie von Beschreibungen und Theorien flankiert. Die Bildwerke des Mittelalters wurden durch eine Bildtheologie begründet, die in der Renaissance von Kunstkritik und -theorie abgelöst wurde. Die ›Bildermacher‹ wollten nicht mehr nur als Handwerker angesehen werden; sie selbst – ebenso wie Literaten, die sie begleiteten und förderten – behaupteten daher in schriftlicher Form ihren Anspruch auf Intellektualität, Anerkennung und Bildung, indem die Texte die neue Qualität ihrer Produktion als ›Kunst‹ (Abb. 6) begründen sollten. Jede neue Kunst wurde fortan von erläuternden und interpretierenden Texten und Polemiken begleitet – es handelt sich hierbei keinesfalls um eine Erfindung der Moderne.

Während zuvor Zünfte für die Ausbildung der ›Bildermacher‹ zuständig gewesen waren, wurden nun, um der neuen Gattung ›Künstler‹ eine spezifische Ausbildung angedeihen zu lassen, Kunstakademien ins Leben gerufen. Die erste entstand 1562 in Florenz. Ideale und Modelle für die neue Kategorie der ›Schönen Künste‹ fand man im antiken Erbe. Künftig bürgte die Kunstakademie für den neuen Status von Kunst und Künstler, entwickelte sich aber im Laufe der Jahrhunderte (ab etwa 1800) zum Antipoden der Moderne, ›akademisch‹ wurde gleichbedeutend mit ›uninspiriert‹ und ›unmodern‹ (vgl. S. 38). In der westlichen Kultur begann im 16. Jahrhundert zudem die allmähliche Autonomisierung bzw. das Herauspräparieren der Kategorie ›Kunst‹ als eines autonomen ›Mehr-Wertes‹. Dies

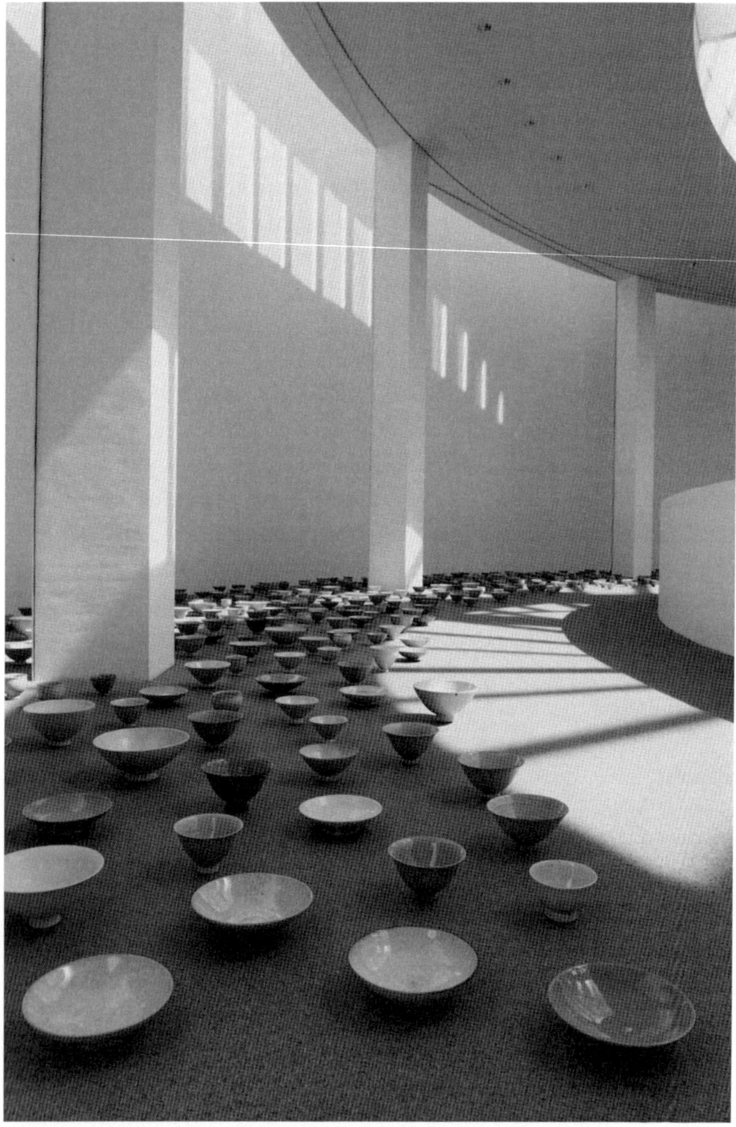

6   Young-Jae Lee, 1111 Schalen, 2006, Ausstellung »1111 Schalen« 2006/07 in der
Pinakothek der Moderne, München (© Young-Jae Lee) (vgl. auch Abb. 13)

Young-Jae Lee, deren Werke man nach westlichen Kriterien gemeinhin als angewandte Kunst
diskriminiert, wurde 2006 zum ersten Mal eine Ausstellung in einem Kunstraum gewidmet,
in der man auch die konzeptuellen und spirituellen Dimensionen ihres Œuvres wahrnehmen
konnte. 2018 wird das Werk im Rahmen einer Ausstellung im PCM zu sehen sein.

versperrte den Blick dafür, dass auch im Mittelalter immer wieder über Bedeutung und Aufgabe der Bilder debattiert worden war und es ein Bewusstsein für verschiedene Kategorien von Bildwerken in unterschiedlichen lebensweltlichen Zusammenhängen gegeben hatte. Weshalb hat man sich im Abendland mehr und mehr auf eine bestimmte Kategorie von Bildwerken fokussiert, die man zur Kunst erklärte? War es wirklich so oder erweist sich diese Bewertung als eine rückwirkende Projektion? ›Kunst‹ entspricht vornehmlich einer Bildkultur der Eliten, die besser überliefert ist als Volkskultur oder Kulturen, die nicht verschriftlicht oder haltbar verdinglicht sind. Dass sich die Betrachtung von Bildern allmählich zum vorrangig ästhetischen Genuss herausschälte, ist ein Prozess, dessen Beginn in der Neuzeit angesetzt wird. Seine Folgen gelten heute gleichsam als ›naturgegeben‹, was sie mitnichten sind. Diesen Prozess insgesamt offenzulegen, würde den hier gegebenen Rahmen sprengen; deshalb sei auf wenige Aspekte fokussiert.

ÜBERFÜLLE = ÜBERDRUSS?

Noch nie war die Produktion moderner und zeitgenössischer Kunst so umfänglich, noch nie gab es so viele Museen, Ausstellungen, Biennalen, Messen, Kataloge und Anleitungen, wie man gute Kunst erkennen, sammeln, in sie investieren kann. In den Medien und in Ausstellungen (»Painting Now«, »50 Künstler, die man kennen sollte« etc.) treten fast immer die einschlägig bekannten Namen auf – Künstler*innen, betreut von den immer gleichen Kurator*innen, gesammelt von den immer gleichen Sammler*innen. Und zuweilen hört man dazu Wehklagen über die korrumpierte Kunstszene und eine gefährliche ›Kunstblase‹. Zu fast jeder Rede über zeitgenössische Kunst gehören inzwischen, geradezu als Geschmacksverstärker des Kunstdiskurses, Unmutsbekundungen über Manipulationen und die Macht des Pekuniären. Auch jene Künstler*innen (zum Beispiel Maurizio Cattelan, Anselm Reyle, Daniel Richter), die spektakulär aus der Kunstszene aussteigen, arbeiten an einer noch exklusiveren Nische derselben oder leben davon, sie vermeintlich kritisch zu begleiten, um wenige Jahre später doch wieder wie Phoenix aus der Asche in Erscheinung zu treten. Im Folgenden sei die Pathogenese dieses

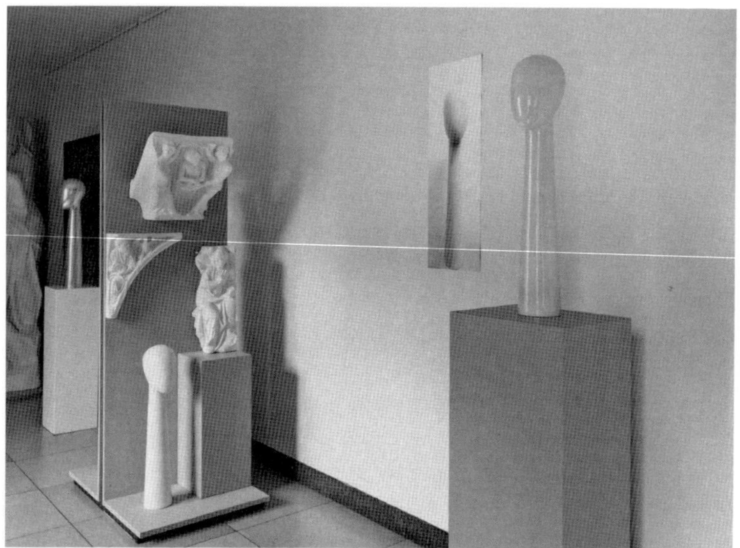

7   Louisa Clement, Mork, 2015/16, Diptychen aus Plastiken und deren Fotografien, Ausstellung »Déjà Vu« 2016 im PCM (© Louisa Clement) (vgl. auch Abb. 2, 11, 29)

In ihrer zweiten Ausstellung im PCM variierte Louisa Clement das Thema Porträt fotografisch und plastisch, um u. a. nach den Bedingungen der Individualität im digitalen Zeitalter zu fragen. Besonders spannend war die Gegenüberstellung zeitgenössischer plastischer wie fotografischer Büsteninterpretationen mit Gipssurrogaten als Stellvertretern von Originalen der Neuzeit. Auf verschiedenen Ebenen wurden Fragen nach Original und Replik wie auch nach Sein und Schein verhandelt.

Unbehagens bzw. Überdrusses nachvollzogen und die Entstehung der gegenwärtigen Kunstszene skizziert. Vor möglichen Antworten auf die Fragen, mit denen das vorliegende Buch überschrieben ist: ›Was ist zeitgenössische Kunst?‹ und ›Wozu Kunstgeschichte?‹, sei zunächst erörtert, seit wann es beide gibt und wo man ihnen begegnet (Abb. 7).

AUTORITÄTEN?

Die waltenden Kunstvorstellungen werden wie erwähnt meist von Kunstmuseen oder von großen Ausstellungen geprägt. Wie entstand diese Autorität? Welche Rolle spielten die imposanten Bauten, in denen Kunstwerke überwiegend beherbergt sind? Vorerst geht es darum, sich des prägenden Koordinatennetzes an Faktoren bewusst zu werden und zu hinterfragen, was als gegeben oder selbstverständlich gilt. Kunstgeschichte befasst sich zwar mit Kunst und bemüht sich beim Versuch, ein Werk zu verstehen, in der Regel zunächst um Rekonstruktion der Entstehungsbedingungen. Lange Zeit blieben insbesondere für moderne Kunst die konkreten Entstehungsbedingungen eines Werkes, unter Berücksichtigung des Kunstmarktes, des Galerieausstellungs- und Sammlerwesens, ein blinder Fleck. Eine ›Sozialgeschichte der Kunst‹ schien dem ›rein Ästhetischen‹ abträglich. Die ›erhabene‹ Kunstgeschichte ignorierte die ›Niederungen des Marktes‹, zumindest im Bereich der Moderne. Erst seitdem in jüngerer Zeit die Macht des Kunstmarktes unübersehbar wurde, nahm die Auseinandersetzung mit den Netzwerken und kommerziellen Infrastrukturen der Kunstwelt ihren Anfang. In Moderne und Gegenwart wurde jedoch nicht selten vorausgesetzt, man wisse schon, worum es sich handele, da ja die meisten Werke in der Tat als Ausstellungs- und/oder Museumskunst entstanden waren. Entsprechend befasste sich die Kunstgeschichte mit dem einzelnen Werk, selten aber mit dessen sich je nach Präsentationskontext wandelnder Bedeutung, sei es in einer Ausstellung oder einem Katalog bzw. Aufsatz. Die Dispositive der Bedeutungszuweisung wurden entweder übersehen oder unterschlagen, wenn nicht stillschweigend eingesetzt. Ein einfaches Beispiel: Wie wirkt eine Fotografie von Wolfgang Tillmans in a. einem SZ-Magazin, b. einem Lifestyle-Kunstmagazin, c. einer Galerie oder d. einer musealen Hängung zwischen Gerhard Richter und Sigmar Polke oder gar neben Max Beckmann? In ihrem brillanten Taschenbuch »Believing is Seeing: Creating the Culture of Art« vermag Mary Anne Staniszewsky – in leicht lesbarer Weise und einem Stil, der ihr hierzulande den Vorwurf des Populärwissenschaftlichen eingehandelt hätte – zu vermitteln, was Kunst heute ist. Sie beginnt ihre Erklärung, indem sie über die Rolle der Orte, an denen Kunst gezeigt wird, spricht und die Art, der Kunst zu begegnen, als ausschlaggebendes Kriterium für deren Verständnis benennt. Sie schreibt »about art (…) and how things come to have meaning and value« und betont, dass ›Kunst‹ eine moderne Erfindung für Galerien, Museen, Sammler*innen und Zeitschriften ist und von den Institutionen nebst deren Geschichte bestimmt wird, nicht aber von ihren Produzent*innen. Im Sommer 2016 erregte eine Gruppe von Aktivist*innen in New York Aufsehen, als sie vor dem Metropolitan Museum aufmarschierte und für ein Abhängen der Bilder von Auguste Renoir demonstrierte, da diese hässlich seien und die Frau diskriminierten. So skurril die Aktion auch anmutet – immerhin gehören Renoir und die Impressionisten zu den weltweit beliebtesten Künstlern –, so war sie doch das erste Beispiel für eine öffentliche Infragestellung der ästhetischen Autorität des Kunstmuseums. Bisher wurde die kulturelle und künstlerische Bestimmungsmacht des Museums selten hinterfragt; als Hort der Kultur, zumeist nationaler oder internationaler Schätze, genießt es eine hohe Glaubwürdigkeit. Während ethnologische Museen, heute zumeist ›Museen der Kulturen‹, schon länger mit ihrem Image ringen und sich neu profilieren müssen (vgl. S. 42ff.), werden westliche Kunstmuseen zu ihrer Weise, das eigene künstlerische Erbe zu verwalten, kaum befragt. Dass man aber auch hier von Diskriminierungen und keineswegs ›natürlich‹ gewachsenen, selbstverständlichen Strukturen sprechen kann, wird sich noch zeigen.

»ALL ART HAS BEEN CONTEMPORARY«

Diese Binsenweisheit prangt in blauen Neonbuchstaben über der Galleria d'Arte Moderna in Turin und stammt von Maurizio Nannucci (Abb. 8). 2004 wählte Dietrich Wildung sie als Motto für das Programm seines Hauses, des Ägyptischen Museums in Berlin. Er übersetzte sie mit: »Kunst ist immer zeitgenössisch gewesen« und fuhr fort, jedes Kunstwerk lade »in dieser seiner ursprünglichen Modernität (…) noch heute dazu ein, als so neu, so frisch, so unmittelbar erlebt zu werden wie in seinen ersten Tagen.« Es ist unter anderem Aufgabe der Kunstgeschichte und der Ägyptologie, diese Zeitgenossenschaft wieder aufleben zu lassen. Gilt nicht auch der Glaube an die Zeitlosigkeit von Kunst? Ist Nofretete nicht zeitlos schön, und erliegt nicht jeder, der ihr begegnet, dem Zauber nicht nur ihres Antlitzes sondern auch der Kunst desjenigen, dem diese überzeitliche Perfektion zu gestalten gelang, wenngleich sein Name nicht überliefert ist? Über die multiplen Zeitlichkeiten der Kunstwerke kann in diesem Rahmen nicht nachgedacht werden, liegt doch der Fokus auf dem Kunstgeschehen, das aus heutiger Sicht, zu Beginn des 21. Jahrhunderts, als zeitgenössisch gilt. Im meistgenutzten Nachschlagewerk

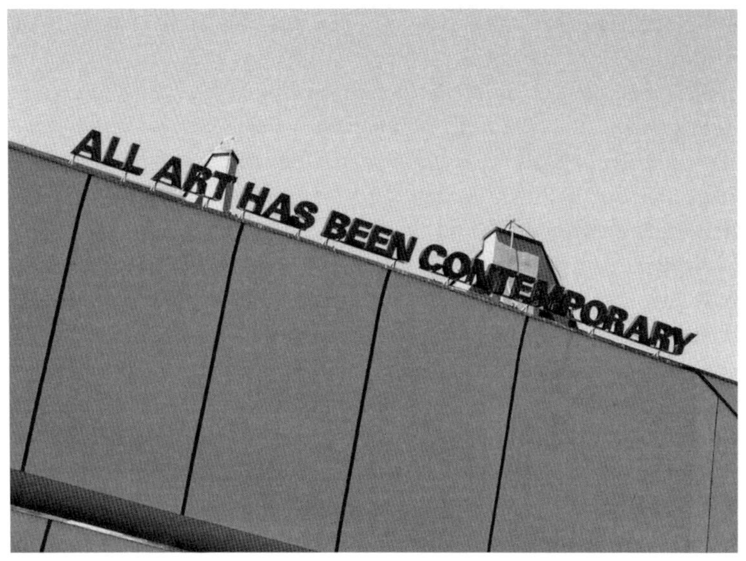

8   Maurizio Nannucci, ALL ART HAS BEEN CONTEMPORARY, Leuchtschrift auf dem Dach der Galleria d'Arte Moderna in Turin, ca. 5550 cm (© AMB)

Maurizio Nannucci lässt die Neonschrift »ALL ART HAS BEEN CONTEMPORARY« seit 1999 an verschiedenen Orten anbringen.

der Gegenwart, Wikipedia – um eine heutzutage leicht zugängliche Quelle zu zitieren –, erfährt man Folgendes: »Zeitgenössische Kunst ist Kunst, insbesondere Bildende Kunst, die von Zeitgenossen hergestellt und von anderen Zeitgenossen als bedeutend wahrgenommen wird.« Keine Auskunft wird darüber gegeben, nach welchen Kriterien dies geschieht. Wer legt Bedeutung fest? Früher (vgl. S. 20) entschieden zunächst die Auftraggeber, dann die Akademien, dann die (avantgardistischen) Künstler selbst und die entstehenden Gegenöffentlichkeiten wie Salons und bürgerliche Kritik. Und heute? Zurzeit ist vielmehr die Gleichung ›prominent = teuer = bedeutend‹ geläufig, auf die noch zurückgekommen wird.

Auffallend oft wurde letzthin nach dem Unterschied zwischen ›zeitgenössisch‹ und ›modern‹ gefragt. Die Kunst ab 1960, ab 1980? Auch ab wann man von ›Moderne‹, gar von ›Postmoderne‹ oder ›Erster Moderne‹ bzw. ›Zweiter Moderne‹ sprechen solle, stand immer wieder zur Debatte, ohne dass man eine befriedigende Antwort fand oder sich dies auf das aktuelle Kunstgeschehen ausgewirkt hätte.

GESCHICHTE DER KUNST VS. KUNSTGESCHICHTE

Um sich der Frage nach der Definition von zeitgenössischer resp. moderner Kunst nähern zu können, sei eine wichtige, wenngleich oft vergessene Differenzierung vorgenommen, nämlich jene zwischen der Geschichte der Kunst (bzw. der Bildenden Künste) und der Kunstgeschichte; denn diese sind keineswegs synonym zu verstehen. Die Geschichte der Kunst ist die Chronologie all dessen, was sich in den Künsten im Laufe der Zeit ereignete. Die Kunstgeschichte hingegen ist die retrospektive Rekonstruktion bzw. Erfindung dessen, was sich ereignete, und bemüht sich um Wissenschaftlichkeit und Sachlichkeit. Die Fülle aller Ereignisse lässt sich wegen der Vielfalt vergangener Einschätzungen über Relevanz, mangelnder Dokumentation, Zerstörungen etc. nie vollends wiederherstellen. Die Rekonstruktion strebt zwar Sachlichkeit an, kann sich jedoch nicht von zeitgeschichtlichen Prägungen und Interessen freimachen. Ein anschauliches Beispiel: Bis zur Eröffnung des Musée d'Orsay in Paris 1984 war das Bild der französischen Moderne vom damaligen Musée du Jeu de Paume geprägt, in dem die Avantgarden (Impressionisten, Postimpressionisten etc.) des 19. Jahrhunderts versammelt waren. Erst seit circa dreißig Jahren hat man durch die im Musée d'Orsay ausgestellten Werke wieder ein umfassenderes Bild des 19. Jahrhunderts gewonnen. Dass Gustave Courbet moderner sei als Jean-François Millet oder Thomas Couture, wurde bislang behauptet, nicht aber argumentativ – in der Möglichkeit einer umfassenderen Betrachtung – belegt. Couture zum Beispiel war mit seinen großen Historienbildern insofern zeitgenössisch und modern, als er in der Restaurationszeit dem Kunstgeschmack einer neuen Schicht von industriellen Parvenus entsprach, die gerade die Gesellschaft bestimmte. Warum sind nur Avantgarden modern oder zeitgenössisch? Die Kunstgeschichte hat einen ›Gänsemarsch der Stile‹ konstruiert, der von Paul Cézanne und Édouard Manet über die Postimpressionisten und den Jugendstil zu den Fauves und in die Abstraktion führte: je abstrakter, desto moderner. Dieses teleologische Fortschrittsdenken hat den Blick verengt und die Wahrnehmung von Fülle und Komplexität reduziert. Statt dass ›Entwicklung‹ und ›Fortschritt‹ suggeriert werden, wird zunehmend von ›Veränderungen‹ und ›Wandlungen‹ gesprochen. In der Kunst gibt es kei-

9   Stephan Baumkötter, o. T.,
2010, Ölstift auf Papier,
220 × 150 cm (© Monika König)

Stephan Baumkötters spezifi-
sches Ausloten der Möglichkeiten von Malerei zwischen dem
Einschreiben des Autors in das
Werk einerseits und aller Verwei-
gerung subjektiven Ausdrucks
sowie dem Entwerfen abstrakter
Farblandschaften andererseits
bietet ungewöhnliche sinnliche
Erfahrungen. Wenngleich diese
Art Malerei zurzeit keine Kon-
junktur auf dem Kunstmarkt hat,
konnte sie bereits mehrfach auch
im PCM erlebt werden.

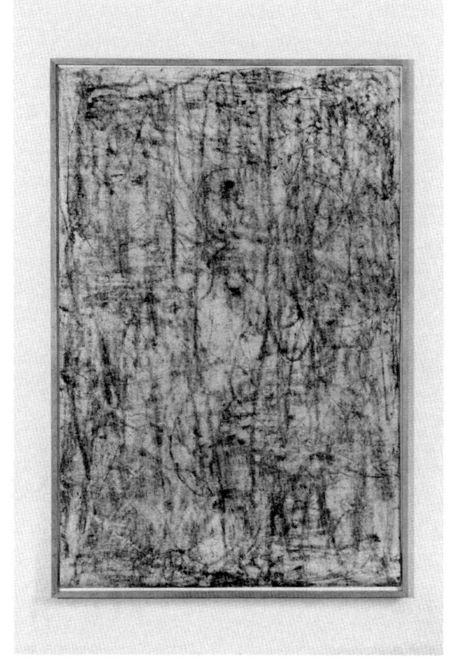

nen Fortschritt: Die sogenannte Blaue Periode von Pablo Picasso ist
genauso wenig besser, moderner als die vorangegangene sogenannte
Rosa Periode, wie die Renaissancekunst fortschrittlicher ist als mittelalterliche Kunst. Die Erfindung der Perspektive und eines neuen
Realismus wird als Steigerung und Vorantreiben der Möglichkeiten
von Malerei interpretiert. Wieso ist ein Realismus, der eigentlich
nur ein raffinierter Illusionismus ist, eine Scheinrealität suggeriert,
›besser‹ als die abstrakteren vorangegangenen Malweisen, anhand
derer im Mittelalter komplexe sakrale und reale Begebenheiten verhandelt werden konnten? Solange die Bilder nicht an der außerbild-
lichen Realität gemessen wurden, konnten sie viele Wirklichkeiten
vermitteln und Medium des Unsichtbaren sein. Diese Möglichkeiten
und Potenziale musste die Malerei zu Beginn der Moderne müh-
sam zurückerobern, als die Maler ab der Mitte des 19. Jahrhunderts
das Bild und die Malfläche wieder als autonome Wirklichkeit parallel zur Natur entdeckten und verschiedene Modi der Abstraktion entwickelten (Abb. 9). Die Vorstellung von einer ›Fortschritts-

geschichte‹ in der Kunst bedingte die Einführung von Kategorien wie ›Innovation‹ und ›Originalität‹ als Motoren ihres Werdens; aber man kann stattdessen auch von der »Geschichte einer fortschreitenden Erosion tradierter Verbindlichkeiten« (Christian Demand) sprechen. Stilbezeichnungen und Periodisierung der Kunstgeschichte entstanden im fortschrittsgläubigen 19. Jahrhundert, als es nach der Revolution galt, eine neue Ordnung aufzubauen und die Werte der neuen bürgerlichen kapitalistischen, zuweilen demokratischen Gesellschaft zu behaupten und zu festigen. Das ›Neue‹ galt prinzipiell als besser und fortschrittlicher, und in der Tat kann man die Erfindung der Elektrizität, des Parlamentarismus oder der Mitbestimmung als positive Veränderungen betrachten, sollte jedoch den Gedanken nicht in den Bereich des Ästhetischen übertragen. Diese Fortschrittsgläubigkeit, gekoppelt mit einem Überlegenheitsgefühl westlicher Kultur, die während der Kolonisation ihre technischen Errungenschaften als ›Moderne‹ in die restliche Welt exportierte, führte zu den lange währenden asymetrischen Beziehungen zwischen den Kulturen, deren Spätfolgen nun im Zuge der postkolonialen Bewusstseinswende zu verhandeln sind. Bei aller Internationalität der Moderne wird doch kulturell jeweils anders gedacht, und es gibt nationale Ausprägungen.

KUNSTGESCHICHTE DER MODERNE?

Ab wann gab es eine ›Kunstgeschichte der Moderne‹? Wie erwähnt, trennte man lange zwischen Kunstgeschichte und Kunstkritik; wenn etablierte akademische Kunsthistoriker zuweilen Ausstellungen zu moderner Kunst kuratierten oder Vorlesungen zu dem Thema hielten, handelte es sich nur um gelegentliche Ausflüge. Bis in die 1990er Jahre waren Lehrstühle für moderne und zeitgenössische Kunst an deutschen Universitäten eine Ausnahme. Auch eine Fachbibliographie zur Kunst der Moderne ist in deutscher Sprache bis heute spärlich. Zwar verdankt die Kunstgeschichte als wissenschaftliches Fach Deutschland viel, jedoch vornehmlich im Bereich anerkannter akademischer Fragestellungen. Geschuldet ist dies auch der erwähnten Ausdifferenzierung und Multiplikation künstlerischer Praktiken in Moderne und Gegenwart, die sich nur schwer in die taxonomischen bzw. chronologischen Korsetts üblicher kunsthistorischer Narrative zwingen lassen. Kann man ältere Kunstgeschichte noch eher schlecht als recht in einen ›Gänsemarsch der Stile‹ (Romanik, Gotik, Renaissance, Barock etc.) pressen, so lässt sich dies in der Moderne kaum mehr bewerkstelligen (vgl. S. 44ff.): Man bedenke zum Beispiel, dass allein in den 1960er Jahren circa vierzig verschiedene neue künstlerische Impulse und Richtungen entstanden. Wie kann eine solche Fülle dargestellt, gesammelt, ausgestellt werden?

EXKURS: DEUTSCHLAND UND DIE MODERNE

Wenngleich moderne Kunst international ist, spielen in ihrer Geschichte nationale Verfasstheiten eine große Rolle. Gerade in Deutschland wurde ab dem Ende des 19. Jahrhunderts, also relativ früh, die zunächst vorwiegend aus Frankreich importierte historische Moderne durch eine ausgeprägte Publizistik begleitet, erklärt und gefördert. Genannt seien nur die berühmten »Blauen Bücher« oder Autoren wie Richard Muther und Julius Meier-Graefe, die das neue Kunstgeschehen einer breiteren Öffentlichkeit zugänglich machten. In den ersten Jahrzehnten des 20. Jahrhunderts, besonders während der Weimarer Republik, wurden entsprechende Zeitschriften wie zum Beispiel »PAN« herausgegeben; Verleger, Galeristen und Direktoren von Museen setzten sich dafür ein, die zeitgenössische Kunst, vor allem den Expressionismus, die Neue Sachlichkeit und den Konstruktivismus, in bestehende und neu entstehende museale Sammlungen zu integrieren. Noch vor dem ersten bekannten Museumsbau für moderne Kunst, dem Museum of Modern Art in New York von 1929, waren in Deutschland nicht nur Kunstvereine gegründet und Kunsthallen errichtet worden, um eine breitere Bevölkerung am aktuellen Kunstgeschehen teilhaben zu lassen. In Hamburg, München, Bremen, Mannheim etc. wurden Museumsbauten geschaffen, in die auch aktuelle Kunst aufgenommen wurde. Das erste dezidiert für moderne und zeitgenössische Kunst konzipierte Museum, in der Einrichtung der Sammlung sowie eines eigens hierfür geplanten Baus, war übrigens die Neue Pinakothek in München, die Ludwig I. von Bayern 1853, also über 75 Jahre vor dem MoMA, als Pendant zur Alten Pinakothek eröffnet hatte.

In Frankreich, das lange Zeit als Motor der Moderne verstanden wurde, wurde der erste explizit der modernen Kunst gewidmete Museumsbau, das Centre Pompidou, erst 1977 eröffnet. In keinem anderen Land gab es so viele Initiativen, Sammlungen, Zeitschriften und Galerien für moderne Kunst wie in Deutschland. Vor allem in den 1920er und 1930er Jahren wurde ein öffentlicher Streit darüber ausgetragen, was modern sei und ins Museum gehöre. Umso tragischer ist es, dass gerade in diesem Land ein Regime an die Macht kam, das sich unter anderem der Verfehmung und Zerstörung aller Impulse der Moderne verschrieben hatte. Dies führte nach 1945 nicht nur zur Verlagerung der Zentren der Moderne von Mitteleuropa nach Nordamerika sondern auch zu einem besonderen Status der Moderne. Als der Zweite Weltkrieg ausbrach, waren die modernen Impulse noch keineswegs in der Gesellschaft angekommen, verstanden und akzeptiert worden. Nach Kriegsende herrschte dann, da gerade die Avantgarden und die abstrakten Richtungen verfemt worden waren, eine Neigung zur Wiedergutmachung, und man förderte ebendiese künstlerischen Tendenzen besonders, zumindest im Westen. Im Zuge der Teilung der Welt durch den Eisernen Vorhang und der staatlichen Förderung des sogenannten sozialistischen Realismus in den Ostblock-Ländern wurde abstrakte Kunst zur modernen Kunst schlechthin und zur Sprache der ›freien Welt‹ deklariert. Nach 1945 konnte man deshalb mit der Moderne nicht mehr unbefangen umgehen: Wer sie nicht verstand oder ablehnte, galt als ›undemokratisch‹. Im Bemühen, wieder unter die ›Kulturvölker‹ aufgenommen zu werden, engagierte man sich gerade im Museums- und Ausstellungswesen in Deutschland für moderne und internationale Kunst.

Nach 1945 setzte man sich zunächst unter Aufsicht der Besatzungsmächte auch zum Zwecke der Entnazifizierung und Redemokratisierung für moderne Kunst und Kultur ein. Bereits 1946 fand in Dresden die erste »Allgemeine Deutsche Kunstausstellung« statt, in der zu rekapitulieren versucht wurde, wo die Moderne stand. Viele Künstler, die als ›entartet‹ gegolten hatten, konnten dort ihre Arbeiten der Öffentlichkeit zeigen. Da Dresden anschließend hinter dem Eisernen Vorhang ›verschwand‹, geriet die Ausstellung jedoch in Vergessenheit. Wenige Jahre später fand dann 1955 mit der documenta in Kassel als Begleitveranstaltung zur Bundesgartenschau eine große internationale Ausstellung zur Kunst der Moderne und Gegenwart statt, die zunächst alle vier, in der Folge alle fünf Jahre wiederholt werden sollte. Hatte die erste documenta noch den im Zonenrandgebiet gelegenen schwachen Wirtschaftsstandort Kassel fördern sollen, so entwickelten ihre Nachfolgerinnen ab der zweiten Ausgabe 1959 eine starke Eigendynamik, boten sie doch Gelegenheit, auf kleinem Raum internationaler Kunst höchsten Niveaus zu begegnen. Diese fulminanten Ausstellungen, in denen man Meisterwerke aus großen Museen in den USA und Frankreich sehen konnte, waren nur der kräftigen Unterstützung der Alliierten, vor allem der Amerikaner, zu verdanken. Sie boten ihnen die Gelegenheit, unmittelbar an der Grenze zum Ostblock Propaganda für die freie Welt zu machen, waren also ideologisch motiviert; dies drang damals nicht in das Bewusstsein der Öffentlichkeit. Für die Rückkehr Deutschlands in das internationale Kunstgeschehen waren die Ausstellungen dennoch von großer Bedeutung.

In den 1950er und 1960er Jahren entfachten Debatten über Sinn und Bedeutung der modernen Kunst in ganz Europa, und man stritt darüber, ob Abstraktion oder Figuration der wahre Ausdruck der Moderne sei. Besonders vehement und ideologisch belastet waren diese Debatten in Deutschland, wo die zur Zeit des Nationalsozialismus erfolgte Diffamierung der Moderne massive Auswirkungen hatte. Die sogenannten Darmstädter Gespräche, in denen es 1950 um das Menschenbild der Gegenwart in Literatur und Kunst ging und Philosophen (Theodor Adorno), Künstler (Willi Bauermeister) und Kunsthistoriker (Hans Sedlmayr) heftig miteinander stritten, sind ein Beweis für die Präsenz und Bedeutung der Bemühungen um die Kunst und Kultur der Gegenwart auf breiter Front in Deutschland. Aber dies schlug sich leider nicht in der universitären Kunstgeschichte nieder.

KUNST, MUSEUM UND KUNSTGESCHICHTE

Erst der ›Museumsboom‹ der 1980er und 1990er Jahre, in dem vor allem Museen für Neue Kunst gebaut wurden – Symptom sich allgemein wandelnder Wertigkeiten von Kunst und Kultur –, scheint auch zu allmählicher Bewusstseinsveränderung geführt zu haben. Bis in die 1990er Jahre gab es in Deutschland offiziell nur wenige Lehr-

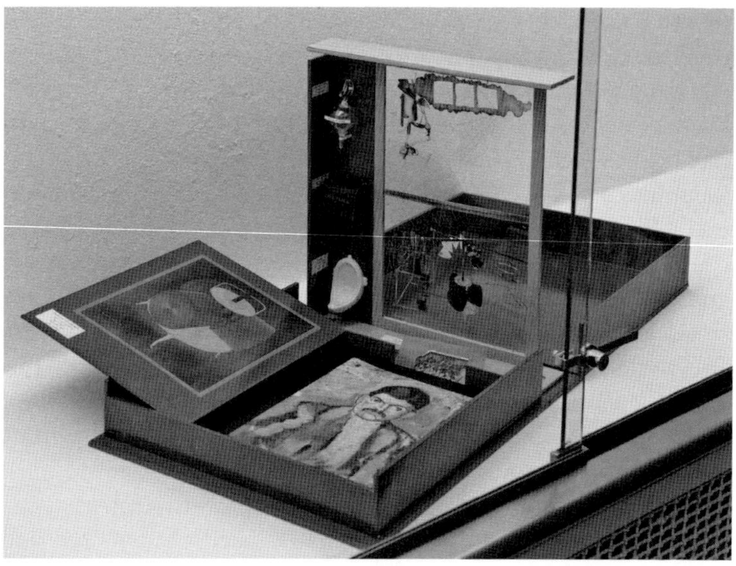

10   Marcel Duchamp, Boîte-en-Valise (Marcel Duchamp oder Rrose Selavy), Große Schachtel / Museum in a Box, Faksimile, herausgegeben von Mathieu Mercier, publiziert in der Edition Walther König, 2016 (© Jean-Luc Ikelle-Matiba / © The Estate of Marcel Duchamp / VG Bild-Kunst, Bonn 2017) (vgl. auch Abb. 4, 23)

Die »Boîte-en-Valise« als geradezu legendärer Beleg für die Selbstmusealisierung der Avantgarde bzw. die ironische Selbstinventarisierung und kunsthistorische Stilisierung einer der Pioniere der Institutionskritik darf – auch als Faksimile – in keiner Lehrsammlung fehlen.

stühle der Kunstgeschichte, die sich mit moderner, gar zeitgenössischer Kunst befassten: Max Imdahl in Bochum, Antje von Graevenitz in Köln, Eduard Trier in Bonn und Gottfried Boehm in Gießen und Basel (Abb. 10). Während immer mehr Häuser für Moderne und Gegenwart entstanden, wurde an den Universitäten erst langsam Abhilfe geschaffen. Museen für Neue Kunst (Stuttgart, Mönchengladbach, München, Frankfurt, Bonn, Karlsruhe) wurden errichtet oder umgebaut; große Ausstellungen versuchten, die komplexe neue Kunstwelt zu deuten, und schrieben auffälligerweise Kunstgeschichte (vgl. S. 57ff.). Museen wurden nicht selten für wachsende Sammlungen erbaut, darunter das Museum Ludwig, so dass fortan die Sammler*innen und Museumsdirektor*innen jene Aufgabe übernahmen, die einst Fürsten bzw. Akademien zukam: Sammeln und damit Schreiben von Kunstgeschichte. Da die meisten Museen in

Mitteleuropa lange Zeit öffentlich waren, handelte es sich um staatliche, also hochoffizielle Orte kultureller Wertschöpfung und Konsekration. Heute schreiben Museen und Ausstellungen öffentlich die Kunstgeschichte der Moderne, aber nach welchen Kriterien? Auch sie sind nur Faktoren im komplexen Netzwerk der Agent*innen von Produktion, Distribution, Kommunikation und Rezeption. Bevor dies vertieft und differenziert wird: Wie und wann entstanden die gegenwärtig verbreiteten Vorstellungen von ›Museum‹ und ›Kunstgeschichte‹?

MUSEEN ALS ›ZENTRALBANKEN‹ DER ÄSTHETISCHEN WERTE

Im 19. Jahrhundert wurden Renaissance und Mittelalter ›erfunden‹, und die Kunstgeschichte suchte nach Methoden zur Verwissenschaftlichung des Umgangs mit Kunst. In dieser Zeit erreichte auch die im 18. Jahrhundert begonnene Nationenbildung ihren Höhepunkt, und nach dem Beispiel des Louvre in Paris (vgl. S. 39ff., 67) wurde das Museum als mächtiges Mittel zur Bestimmung kultureller Identität entdeckt. Napoleon bemühte sich, den während der Revolution eröffneten ›demokratischen‹ Louvre mit seinen Raubzügen zu bereichern, und in Reaktion auf diesen kulturellen Trumpf wurden bald darauf auch in Berlin und München ›Tempel‹ für die eigene Kultur errichtet. Bis dahin waren Sammlungen vornehmlich den Herrschern selbst und einem ausgewählten Kreis von Kennern (begrenzt) zugänglich gewesen. Das öffentliche Museum war in der Revolution durch die Enteignung von Adel und Kirche entstanden, und zwar als Möglichkeit der Unterbringung der Kunst- und Bildwerke zuvorderst aus adeligem und kirchlichem Besitz, die durch die Säkularisation und revolutionäre Umwälzungen ort- und funktionslos geworden waren und nun dem Volk ›übereignet‹ wurden. Die Revolution hatte das alte Regime entmachtet, und in der neuen Ordnung sollte fortan im Namen des Volkes regiert werden. Dieser Umsturz führte zwar langfristig auch zu republikanischen Verhältnissen und mehr Demokratie, in Sachen Kultur und Museum aber blieb die Bestimmungsmacht zunächst staatlich und fernab jeglichen Mitspracherechts: Von oben herab, seitens Akademien, Museumsleitungen oder ›Gelehrten‹, wurde bestimmt, was man als gute Kunst anzusehen hatte. Das Kunstmuseum ist mithin eine fundamental ambivalente Institution: der Allgemeinheit gewidmet, aber autoritär gedacht! Während die Kirche das Monopol legitimer Manipulation der Moral bzw. der Erlösungswerte inne hatte, wurden Museen und Akademien zu ›Zentralbanken‹ der künstlerischen Werte und des »symbolischen Kapitals« (Pierre Bourdieu). Die Deutungshoheit über ethische und weltanschauliche Werte lag bei der Kirche, jene über ästhetische bei Museum und Akademie.

Einer der wichtigsten Impulse der Moderne war bekanntlich die Auflehnung gegen die Macht des Establishments (Akademie und Museum) in Form von Sezession, Opposition und Provokation. Deren Geschichte wurde in jene des anti-akademischen Fortschritts eingeschrieben, die aber wiederum im sogenannten Kanon der Kunstgeschichte Aufnahme fand. Bisher ist jede noch so ›aufmüpfige‹ Avantgarde im Museum gelandet. Um die Eingangsfrage zu beantworten, sei zunächst erörtert, wo man zeitgenössischer Kunst begegnet und woran man sie erkennt.

VERORTUNGEN UND ERSTE BESTIMMUNGEN DER ZEITGENÖSSISCHEN KUNST

Museen wurden im 19. Jahrhundert errichtet, um die gesicherten Werte einer Gesellschaft bzw. Nation zu (re-)präsentieren. Nachdem in der westlichen Kultur circa 1800 Jahre lang im Auftrag der Mächtigen – Staat und Kirche – Kunst geschaffen worden war, differenzierten sich ab der sogenannten Aufklärung immer mehr Öffentlichkeiten heraus. Eine bürgerliche Intelligenz forderte ihre Rechte ein, und es entstanden, beginnend mit den Akademien im ausgehenden 16. Jahrhundert und den sogenannten Salons im 17. und 18. Jahrhundert, neue Foren und Medien für Literatur, Musik, Theater und die Bildenden Künste; sowohl an diesen Orten wie auch in kunstkritischen Texten artikulierten sich neue Interessen und Stimmen. Die industrielle Revolution und die Bildung neuer bürgerlicher Schichten hatten dann die Moderne mit neuen ›Schnittstellen‹ der Öffentlichkeit zur Folge: Ausstellungen, Galerien und Kunsthandel (vgl. S. 41, 48, 51, 76ff.). Nicht von ungefähr bezeichnete Pedro Lorente den Bahnhof, die Oper, das Museum und das Kaufhaus als »Kathedralen der Moderne«. Die Möglichkeiten für künstlerische Aktivitäten multiplizierten und differenzierten sich, und Kunst wurde nun nicht mehr nur im Auftrag sondern auch autonom geschaffen. Diese gewonnene Freiheit bedeutete jedoch, dass die Künstler neue Wege in die Öffentlichkeit brauchten, um für ihre Werke Publikum und Kunden zu finden. Zur Geschichte der Moderne gehören neue Möglichkeiten, sich durch Kunst zu artikulieren, Stellung zur Welt und zur Kunst zu beziehen – neben den offiziellen staatlichen und akademischen Ausstellungen und Medien. Atelier- und Galerieausstellungen, Kunsthandel, Sammler, Kunstkritiker und Kaffeehauskultur bildeten ein Netzwerk von Agenten und Orten, das man später ›Betriebssystem Kunst‹ nennen wird (vgl. S. 8off.). Bis zur Moderne sprach man von großen Bewegungen wie Romanik, Gotik, Renaissance, Manierismus und Barock, aber dann wurde diese scheinbar folgerichtige Entwicklung diffus: Im Historismus, dem ›Stil der Stillosigkeit‹, zum Beispiel schöpfte und zitierte man in Ermangelung von Formentscheidungen eklektizistisch aus dem vorhandenen Fundus. Im Stilpluralismus ent- und bestanden gleichzeitig, mit- und gegeneinander Neoklassizismus, Neobarock, Realismus, Naturalismus, Biedermeier und Romantik. Das Fortschrittsdenken kam zwar ins Straucheln, aber es begann eine Kunstgeschichtsschreibung, die den Realismus eines Courbet fortschrittlicher nannte als den Akademismus eines Couture. Man übernahm also die Selbststilisierungen der Künstler und schrieb sie in eine Geschichte der behaupteten Moderne ein. Die sich als zeitgenössisch empfindende Kunst postulierte, die Gegenwart der ewigen Wiederholung sei der Antike ebenbürtig; das Malen des zeitgenössischen Lebens wurde als modern etabliert. Der französische Schriftsteller Charles Baudelaire beschwor die Gegenwart und sprach ihr Ebenbürtigkeit mit den antiken Vorbildern zu. Er definierte das Moderne zwar als das rasch vorübergehende Aktuelle, bestand aber zugleich darauf, darin auch das Überzeitliche zu erkennen und zu feiern. De facto entstanden also Werke mit neuen Sujets und neuen Formen, diese darzustellen und der Welt zu begegnen. Jene Kunstproduktion scheiterte allerdings an der Aufnahme in die bisherigen Orte der Begegnung mit Kunst, den offiziellen Akademieausstellungen. Also organisierten Künstler sich, um neue Ausstellungsorte zu

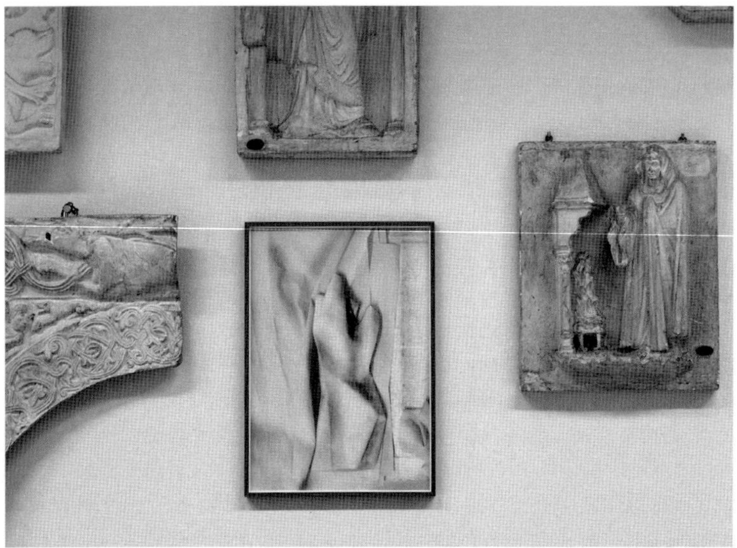

11   Louisa Clement, o. T., 2013, Pigmentdruck, 50 × 40 cm, integriert in die ausgestellten Lehrgipse des Mittelalters im großen Übungsraum des KHI (© Jean-Luc Ikelle-
Matiba) (vgl. auch Abb. 2, 7, 29)

Während der Vorbereitung ihrer Ausstellung »as found« 2013 im KHI entstanden gleichsam als visuelle *objet trouvés* Schnappschüsse von Situationen vor Ort. Das Bild eines
umgedrehten Gummihandschuhs auf Krepppapier war so reizvoll, dass es inzwischen zur
Sammlung des PCM gehört. Aufgehängt zwischen den Lehrgipsen zur Ornamentik und
Kleinplastik des Mittelalters sorgt es für waches Schauen und Sehen.

schaffen, oder bauten Gegenausstellungen auf; und doch strebte
man stets in die offiziellen Salons. Da so viele Künstler abgelehnt
wurden, schuf Kaiser Napoleon II. selbst 1863 sogar einen ›Salon
des Réfusés‹ (Salon der Abgelehnten).

Neben den und gegen die genormten Vorstellungen der Akademie
entwickelten sich somit viele neue künstlerische Impulse, und ab circa Mitte des 19. Jahrhunderts begehrten immer mehr ›Sezessionen‹
gegen die normative Macht der Akademien auf und wichen auf
Nebenschauplätze (Weltausstellungen, neue Galerien und Kunstmarkt) aus. An und mit neuen Orten, Präsentationsformen und
-foren vermehrten sich neue Kunstformen, und bald kam die Frage
auf, wann diese neuartigen Werke wohl ins Museum einziehen dürf-
ten (Abb. 11).

WANN UND WIE WURDE DIE MODERNE MUSEUMSWÜRDIG?

Um 1800 formierte sich die Moderne und zur selben Zeit das Museum: Als dessen Geburtsstunde gilt die Eröffnung des Louvre, der 1793 ›dem Volke übergeben‹ wurde; einem kleinen Publikum waren allerdings zuvor bereits Sammlungen zugänglich gemacht, wie ab 1750 Teile der königlichen Sammlung im Palais du Luxembourg, und sogar Bauten eigens zu deren Präsentation errichtet worden, etwa 1779 das Fridericianum in Kassel. Es handelte sich hier meistens um private Sammlungen und Wunderkammern, nicht aber reine Kunstsammlungen, die es wiederum in Adels- und Patrizierkreisen schon länger gab. Als die Revolution gescheitert und die Monarchie zurückgekehrt war, wurde der Louvre jedoch nicht geschlossen, vielmehr begründete der König sein eigenes Museum, und dies sogar für die Gegenwart: 1818 eröffnete Ludwig XVIII. nach seiner Rückkehr auf den Thron im Palais du Luxembourg das Musée des Artistes Vivants (Museum der lebenden Künstler), das erste Museum zeitgenössischer Kunst. Damit machte er deutlich, dass er selbst bestimmte, was als gute Kunst zu gelten habe. Präsentiert wurde, was er aus den Akademieausstellungen erworben hatte und als Vorlage für die Künstler zeigen wollte. Das erste Museum zeitgenössischer Kunst war also ein offizielles Museum aktueller akademischer Kunst. Nachdem die von Napoleon erbeuteten Kunstwerke hatten restituiert werden müssen, wollte man die Vorrangstellung im Bereich der Kunst nicht aufgeben, zudem wurde nur französische Kunst ausgestellt. 1848 erklärte man das Palais du Luxembourg zwar zum ›nationalen Museum‹, es blieb aber ein ›Musée de Passage‹ (Übergangsmuseum), da die Werke anschließend entweder in Ministerien oder in den Louvre wanderten. Die Künstler jedoch, die später als Vertreter der Moderne gelten sollten, aber damals Mühe hatten, öffentlich wahrgenommen zu werden, organisierten ihre eigenen dissidenten Ausstellungen (1855 Courbet, 1867 Manet), um dagegen zu protestieren, dass sie im offiziellen Salon nicht aufgenommen worden waren, in den sie letztlich alle strebten; zu diesem Dilemma der Avantgarden später.

SEIT WANN WIRD KUNST GESAMMELT
UND AUSGESTELLT?

Dass es seit der Renaissance in Venedig, Rom und Florenz ein ausgiebiges Schrifttum zu Kunst und Künstlern, zum Mäzenaten- und Sammlertum gab, ist bekannt, ebenso wie die Niederlande seit Beginn der Neuzeit ein Ort des regen Kunstmarktes und -handels waren. Aber auch im Mittelalter fanden intensive Debatten über die Art und Funktion von Bildern statt, es wurde mit Bildwerken gehandelt oder gar Politik gemacht, und es existierten Sammlungen (zum Beispiel um 1400 jene des Duc de Berry oder in den Schatzkammern und Skriptorien der Kirchen). Nicht erst während der Kreuzzüge entfaltete sich entlang der Handelswege und im Austausch zwischen den Adelsgeschlechtern quer durch Europa ein reger Gütertransfer zwischen den Kulturen, so dass man stets mit den verschiedenen Bild- und Objektkulturen vertraut war. Von Architekten und Bildhauern sind zahlreiche Signaturen erhalten, und es wurde über Bedeutung und Rolle der ›Bildermacher‹ diskutiert. Die Kunstgeschichtsschreibung übernahm allzu lange bereitwillig die Selbststilisierung und den Geschichtsentwurf ihrer frühen Vorläufer, etwa Giorgio Vasaris Verunglimpfung des Mittelalters als ›dunkle Periode‹, aus der seine eigene ›glorreiche Zeit‹ auferstanden sei. Bereits die Bezeichnung ›Mittelalter‹ beweist, dass man sich lange nur für das Erbe der Antike und deren ›Wiederauflage‹ in der Renaissance interessierte und die Zwischenzeit für irrelevant hielt. Erst als sich im 18. und verstärkt im 19. Jahrhundert die Nationen herausschälten bzw. verfestigten, begann man, neben dem Erbe der Römer und Griechen nach den eigenen Wurzeln zu fahnden. Bekanntlich lieferten diese Recherchen reichlich Stoff für romantische Verklärungen und Legenden vom Ursprung der verschiedenen europäischen Kulturen; man denke nur an den Streit zwischen Deutschland und Frankreich darüber, wer die Gotik erfunden habe.

RENAISSANCE: ›STOLZ UND VORURTEIL‹

Die meisten Kategorien, in denen die westliche Kultur gedacht wird, stammen aus der sogenannten ›klassischen‹ Kultur, deren ›Neuauflage‹ in der Renaissance und deren Glorifizierung im 19. Jahrhundert. Die Verherrlichung der italienischen Renaissance als Höhepunkt westlicher Kultur geht auf Jacob Burckhardt zurück, einen Schweizer Gelehrten, der ein ideales Gegenbild zu seiner bürgerlich-kapitalistischen Gegenwart ersann, indem er Rom, Florenz und Venedig zu Orten eines aufgeklärten, die Schönen Künste pflegenden Humanismus erklärte. Dass die damaligen Kulturträger (Päpste, Condottiere, Patrizier) oft betrügerische Despoten, Diktatoren und Parvenüs waren, die vor keinem Mittel zurückschreckten, um ihre Macht zu sichern, verschwindet hinter der Konzentration auf deren künstlerisches Mäzenatentum. Diese Patronage führte zwar zu einer Blüte der Künste, diente aber vornehmlich der eigenen Distinktion, Repräsentation und Verbrämung bzw. Legitimation der erworbenen Macht. Lange Zeit wurde darüber hinweggesehen, dass sich der Wohlstand der Renaissance im Westen wie auch die Blüte Europas zu Beginn der Moderne im 19. Jahrhundert den Raubzügen und Kolonisierungsaktivitäten in der restlichen Welt verdankten. Als Beispiel sei nur Spanien genannt, dessen Goldenes Zeitalter (Siglo de Oro) auf der Ausrottung ganzer Kulturen und der Plünderung weiter Teile Südamerikas beruht. Verdankt man vielleicht die tiefe Religiosität und Fremdheit des El Greco, eines Migranten, seinem tief empfundenen Schmerz angesichts des unendlichen Reichtums Spaniens bei gleichzeitiger Vereisung der gesellschaftlichen Verhältnisse, wovon die kirchliche Machtausübung und besonders die Inquisitionsprozesse zeugen (Abb. 12)? Die Herrscher und Mäzene förderten die Künste im Rahmen ihrer eigenen Prachtentfaltung und Machtsicherung. In ihren Palästen und patrizischen Wohnhäusern legten sie, zuweilen in besonderen Räumlichkeiten wie dem Studiolo oder der Wunderkammer zum Beweis ihrer umfassenden Bildung und Weltbeherrschung Sammlungen an, die für begrenzte und spezialisierte Öffentlichkeiten (Hof, Gäste, Gelehrte) zugänglich waren. Im ausgehenden 16. Jahrhundert kamen wohlhabende Bürger und Künstler hinzu, und es entstanden erste Märkte für Graphiken und Kunsthandwerk. So berichtete zum Beispiel Albrecht Dürer aus Venedig, wie er für seinen Freund, den Humanisten Willibald Pirckheimer, nach Büchern und Preziosen Ausschau hielt. Darüber hinaus vertraten Agenten international an verschiedenen Höfen die Interessen von Künstlern. Die Beschäftigung mit den sogenannten Schönen Künsten und die Tradition des Sammelns gehen also auf

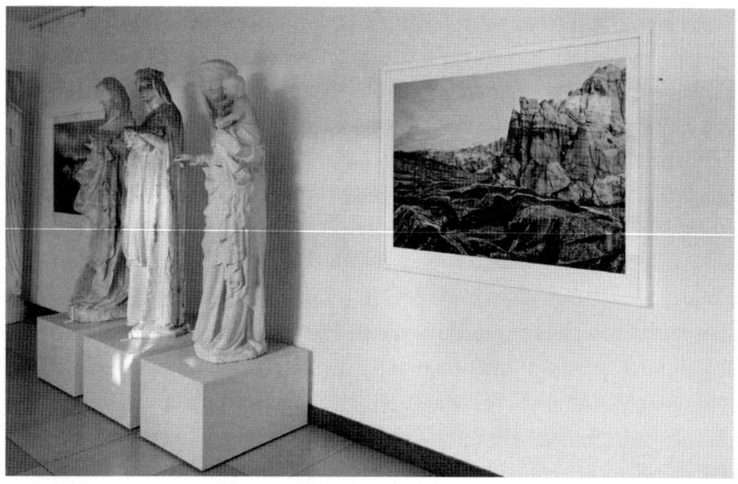

12   Stefan Hunstein, Ausstellung der Fotoarbeiten aus der Serie »Im Eis« 2014 im PCM, l.: Ice, Nr. 10, r.: Ice, Nr. 32, Fotoarbeiten, UV-Direct Print auf geätztem Glas, 110 × 150 cm (© Stefan Hunstein) (vgl. auch Abb. 1, 27)

Die Aufnahmen der mächtigen Eislandschaften zwischen den Lehrgipsen aus Spätmittelalter und früher Neuzeit bieten Anlass zur Reflexion über Sein und Schein, Natur und Kunst.

die beginnende Neuzeit zurück, ihre Verklärung bildet vor allem eine Facette des im 19. Jahrhundert ersonnenen Bildes dieser Zeit. Basierend auf entsprechenden Kontrastierungen – hier die ›glorreiche‹ Renaissance, dort das ›dunkle‹ Mittelalter, dem kein Beitrag zur Kunst sondern vornehmlich zu ›Kultbildern‹ zuerkannt wurde – entstanden dann die akademischen Disziplinen und die verschiedenen Arten von Museen (Museum für Kunsthandwerk, Völkerkundemuseum, Archäologisches Museum, Museum für Kulturgeschichte, Kunstmuseum), denen die Bildwerke jeweils zugeteilt wurden.

KARTOGRAPHIEN DES WISSENS UND DIE MUSEUMSLANDSCHAFT

In England zum Beispiel heißen Kunstmuseen *galleries* und die Museen (*museums*) sind eher kulturhistorisch orientiert. Wieso gelten nur die griechische und die römische Kunst als antik und werden in Kunstmuseen gewürdigt, während die ägyptischen oder anderen afrikanischen Kulturen in Völkerkunde- oder Kulturmuseen aufbereitet werden? Warum fokussiert man so stark das Mittelmeer als Ursprung Europas und verdrängt das Keltische, Iberische oder Germanische? Die Griechen haben zwar die Demokratie erfunden, aber unterschlagen wird, dass diese auf der Herrschaft über Sklaven basierte. Was hat Griechenland in den letzten 2000 Jahren zur Kultur der Welt oder Europas Neues beigetragen? Dennoch werden ästhetische Kategorien nach wie vor von der griechischen Philosophie bzw. deren ›Neuauflage‹ in der Renaissance abgeleitet. Mit welcher Berechtigung gesteht die Kunstgeschichte dem italienischen Erbe so viel Raum zu? Dass diese sogenannte Kultur des Humanismus in Europa weder den Ersten noch den Zweiten Weltkrieg verhinderte, schockierte einst Künstler und Denker, die deshalb – unter anderem mit Bewegungen wie DADA oder dem Futurismus – die bürgerliche Kultur abschaffen wollten bzw. deren vermeintlich humanisierenden Kräfte radikal in Frage stellten (Adorno). Erst die Herausforderung durch die Globalisierung, in der Europa immer unglaubwürdiger wird und an Bedeutung verliert, führte zur Revision bisheriger Sichtweisen. Seit der Ausstellung »Magiciens de la Terre« von Jean-Hubert Martin 1985 in Paris, der Ausstellung »Inklusion: Exklusion. Versuch einer neuen Kartographie der Kunst im Zeitalter von Postkolonialismus und globaler Migration« von Peter Weibel 1996 in Graz oder der documenta X von Catherine David 1997 in Kassel versucht die Kunstwelt wie auch die Kunstgeschichte, ihr Blickfeld zu erweitern. Seitdem wächst das Bewusstsein, dass sich die westliche Moderne und ihr Export als verdeckte Strategie der Kolonialisierung erweisen. Die meisten Kunstmuseen beherbergen nur westliche Kunstprodukte, und für die Kunst anderer Zivilisationen wurden die ›Ethnographischen Museen‹, ›Völkerkundemuseen‹ oder ›Häuser der Kulturen‹ errichtet. Diese meist diskriminierenden bzw. limitierenden Zuweisungen treffen jedoch nicht allein die außereuropäischen Kulturen. Nicht nur Objekten und Bildwerken anderer Kulturen wurde der Status ›Kunst‹ aberkannt, auch innerhalb der eigenen bildnerischen Praktiken wurden Subsysteme wie ›Kunsthandwerk‹, ›Angewandte Kunst‹ oder ›Design‹ etabliert, um Gestaltungsergebnisse jenseits dessen, was als Kunst zu gelten habe, gleichsam ›wegzukategorisieren‹. Wie bereits bemerkt, ist ebenso die Transformation religiöser Bildwerke zu Kunstwerken durch ihre museale Dekontextualisierung nur eine der selten reflektierten Inkonsequenzen im Umgang mit Kultobjekten allgemein (vgl. S. 47ff.). Und so gilt es, die Kategorisierung auch innerhalb der eigenen Kultur einer Revision zu unterziehen.

KUNSTMUSEUM VS. MUSEUM DER KULTUREN?

Museen für Angewandte Kunst wurden zu Beginn der industriellen Moderne gegründet, als man ein Bewusstsein für den Verlust an Qualität der hergestellten Produkte durch industrielle Fertigung gewann und deshalb begann, Zeugnisse ehemaliger kunsthandwerklicher Fertigkeiten als Musterbeispiele zu sammeln. Das erste Museum für Angewandte Kunst wurde 1852 gegründet, und zwar nicht zufällig in England, der damals führenden Industrienation: Es war das South Kensington Museum, heute Victoria and Albert Museum, das den Geschmack bilden und das künstlerische Niveau des Handwerks steigern sollte. Leider befasst(e) sich die allgemeine Kunstgeschichte nur selten mit diesem Gebiet und das weite Feld wird jeweils von spezialisierten Fachkollegen bearbeitet. Ein solches Verständnis geht wohl auf die alte Selbststilisierung des Renaissancekünstlers zurück, der sich vom eine *ars mechanica* ausübenden Kunsthandwerker zu einem ›freien Künstler‹, einem Vertreter der *artes liberales* entwickelte. Diese Hierarchisierung führte zu den spezifisch westlichen Objektkategorisierungen und -bewertungen, die zuweilen nicht mehr nachvollziehbar sind. Wieso hängen zum Beispiel Ikonen in einem Museum für Angewandte Kunst oder einem Ikonen-Museum, fast nie in einem Kunstmuseum? Weshalb ist zum Beispiel eine Jugendstil-Vase von Émile Gallé, die nie als Vase diente, kein plastisches Objekt, das im Kunstmuseum ausgestellt wird (Abb. 13)? Dass der westliche Kunstbegriff nicht einmal mehr dazu taugt, die unterschiedlichen künstlerischen Strömungen seit den 1960er Jahren zu erfassen, wurde bereits deutlich. Die Werke, die damals entstanden, waren – um nur einige neue Typen zu nennen – prozessual (Happening), immateriell (Concept Art), vergänglich (Aktionen, Body Art), räumlich (Installation) oder außermuseal (Land Art, Interventionen) und ließen sich mit dem überlieferten Deutungsbesteck nicht mehr greifen. Die möglichen Materialien, die Anlässe und die Inhalte ver-

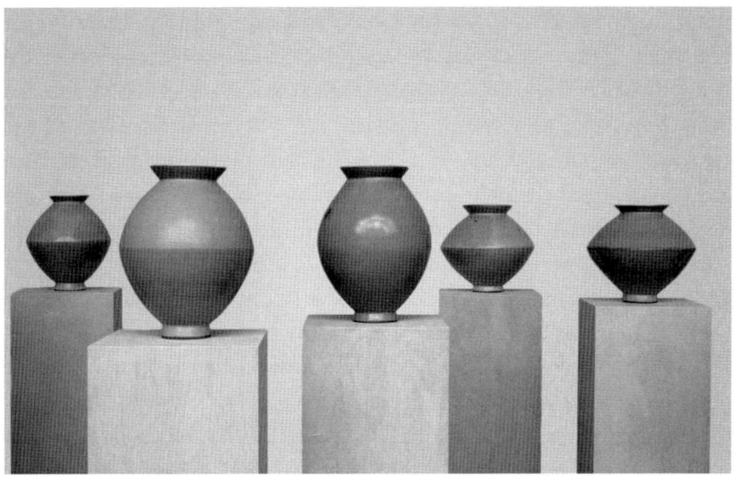

13   Young-Jae Lee, Spindelvasen (© Haydar Koyupinar) (vgl. auch Abb. 6)

Die Spindelvasen Young-Jae Lees sind von so elementarer Schönheit, dass sie sich gleichsam als visuelle Meditationsobjekte mit manch minimaler Plastik messen können. Wer
vermag hier zu entscheiden, was angewandte und was ›bloße‹ Kunst ist?

mehrten sich, alles konnte Kunst werden, und es kam die Rede von
den ›nicht mehr schönen Künsten‹ auf. Diese Vielfalt und Dynamik
sowie die Entgrenzung der Werkbegriffe fügten sich nicht länger in
Entwicklungsschemata und taxonomische Schubladen. Gerade im
Kontext der sogenannten Postmoderne wurde das ›Ende der Kunstgeschichte‹ deklariert. Damit war ernsthaft das Ende weder der
Kunst noch der Kunstgeschichte gemeint, sondern jenes der bisherigen Art und Weise, sie zu denken und zu betreiben. Leider blieben
die Reformvorschläge mehrheitlich eher rhetorische Stilübungen;
denn die einst als Ideen-, Kultur- und Geistesgeschichte entwickelte
und nun zu revidierende Kunstgeschichte feierte in Deutschland, ge-
schrumpft zur ›Bildwissenschaft‹, ihre Auferstehung, bevor sie dann
zur ›Weltkunstgeschichte‹ erklärt wurde. Die unglückliche Bezeichnung ›Bildwissenschaft‹ geht auf ein Missverständnis des in den USA
entstandenen Konzepts der sogenannten Visual Studies zurück; dort
wollte man sich zum einen vom eurozentrischen Kunstbegriff lösen
und zum anderen den Anforderungen auch der eigenen indigenen
und bisher missachteten visuellen Kulturen sowie den zunehmend
globalisierten und postkolonialen Anforderungen an die Kunstwelt

entgegenkommen. Die Bildwissenschaft allerdings vermochte die Debatten Kunst vs. Kunsthandwerk bzw. Bild- vs. Kunstwerk nicht aufzulösen, wie es zuvor in den Ethnographien erprobt worden war, die ihrerseits zumindest theoretisch ihr problematisches Erbe durch Weiterentwicklung und Ausdifferenzierung der *material culture* zu bannen versuchten. Immer wieder fungieren, wie erwähnt, weit mehr Ausstellungen denn akademische Diskurse als Katalysatoren des sich ereignenden kulturellen und künstlerischen Wandels. Erst allmählich verändert sich die deutsche Kunstgeschichte, bleibt nicht mehr nur Bildwissenschaft, sondern erklärt sich in aller Bescheidenheit zur ›Globalen Kunstgeschichte‹ und für die ganze Welt zuständig. Inzwischen artikulieren sich jedoch die großzügig ›eingemeindeten‹ nicht-westlichen Länder selbst und arbeiten an der eigenen Bestimmung ihrer visuellen Kulturen. Bezeichnend ist, dass die westliche Kunstwissenschaft noch immer über keine positive Bezeichnung verfügt, wenn Bildwerke aus anderen Kulturen angesprochen werden sollen; es heißt weiterhin ›nicht-westlich‹. Um diesem Dilemma zu entgehen, schlug Catherine David 1997 vor, den Begriff ›Kunst‹ durch den Begriff ›ästhetische Praxis‹ zu ersetzen. Im Bereich moderner und zeitgenössischer künstlerischer Praktiken stellen sich die Fragen seltener, da alle Werke ohnehin für die ›Kunstwelt‹ (Ausstellungen, Biennalen, Galerien und Museen) produziert wurden. Dennoch wird das internationale Kunstgeschehen heute noch immer weitgehend von Künstler*innen und vor allem dem Kunsthandel (bzw. dem BSK) aus den großen Industrieländern beherrscht, und zeitgenössische Kunst aus anderen Ländern entsteht im Spannungsfeld zwischen dem internationalen, von großem Aufheben geprägten Kunstgeschehen und der autochtonen Kunstwelt. 2014 fand in Amsterdam eine internationale Tagung zum Thema *mapping geographies* statt, in der allen Kulturen eine Stimme zu geben versucht wurde. Dort wurde unter anderem festgestellt, dass gerade in der globalen Moderne Museen nach wie vor wichtige Instrumente sind, um die jeweiligen nationalen Narrative zu artikulieren. Biennalen und Museen der Moderne dokumentieren das Angekommen-Sein in der Gegenwart, in der globalen Moderne. Aber für wen und wozu? Westliche Museen älterer Kunst spiegeln noch mehrheitlich ein Kunstverständnis aus dem 19. Jahrhundert, und erst allmählich bemüht man sich, die Ordnungssysteme aus der Kolonialzeit zu überwinden. Die ethnographischen Museen, die weniger Bilder anderer Kulturen selbst dokumentierten als jene, die der Westen von diesen entwarf, wandeln sich nach und nach zu Museen der Kulturen und sind bestrebt, ihren Exponaten ›auf Augenhöhe‹ zu begegnen. Im New Yorker Metropolitan Museum werden inzwischen alle Künste aller Zeiten und aller Kulturen in nur einem einzigen großen Haus präsentiert. Was einmal eine archäologische oder ethnographische Sammlung war, ist nun gleichberechtigter Bestandteil einer umfassenden Kunstsammlung, die jedes Artefakt von der Vorzeit bis in die Gegenwart gleich behandelt.

KUNST VS. KULTUR?

Zugespitzt formuliert, scheint ein noch unerlöstes Unbehagen dazu zu führen, dass nun Artefakte aus jeglicher Kultur als Kunstwerke präsentiert werden. Dies widerstrebt allerdings den Ethnologen, da zahlreiche Bildwerke ursprünglich entweder aus dem Kontext eines Kultes oder anderen lebensweltlichen Zusammenhängen stammen: Man beraube sie eines bedeutenden Teiles ihres Gehalts bzw. lasse sie unverständlich werden, wenn man sie auf ihre Ästhetik ›reduziere‹. Solche Befürchtungen beruhen zum einen auf einem banalisierten Kunstverständnis und übersehen zum anderen, dass auch Bildwerke europäischer Kultur einseitigen, museal entfremdenden Betrachtungen unterzogen werden. Man vergisst zum Beispiel, dass ebenso im Westen bis 1800 die meisten Bildwerke zunächst Kultobjekte waren bzw. nicht nur stilistischen oder ästhetischen Betrachtungen dienten. Bis zur Moderne erschwerte bzw. verhinderte es eine museale Behandlung von Artefakten, Bild- und Kunstwerken, das Spezifische des jeweiligen Werkes wahrzunehmen. Jedes mittelalterliche Bild, jedes Werk von Dürer und Raffael, auch von Goya oder Rembrandt war zunächst Kultbild oder Bestandteil einer komplexen Raumausstattung, in der es einen bestimmten Ort und eine bestimmte Funktion hatte; beiden wird es in der musealen Betrachtung beraubt. Moderne Kunst hingegen ist vorwiegend Ausstellungs- und dann per se Museumskunst, geschaffen zur vornehmlich ästhetischen Betrachtung. Auch in Moderne und Gegenwart gibt es indessen Werke, die für bestimmte Orte und Zusammenhänge geschaffen wurden oder mehr sein wollen als nur Dekoration und dennoch in ihrem musealen Status zu bloßen Anschauungsobjekten werden. Als Beispiel für die Lösung aus seinem einstigen Kontext sei das berühmte Gemälde »Guernica« genannt, das Picasso 1937 für den Weltausstellungspavillon der spanischen Republik schuf, um im Angesicht der Weltöffentlichkeit eine wütende Anklage gegen die faschistische Kriegsführung in Spanien zum Ausdruck zu bringen. Mittlerweile hängt es als eines der wichtigsten Historienbilder der Moderne im Museum Reina Sophia in Madrid. Sein ursprünglicher Kontext und seine Bedeutung werden durch eine kluge Dokumentation wach gehalten. Heutzutage werden neue Werke vielmehr in Galerien, Ausstellungen und Messen präsentiert, um anschließend in Privatsammlungen zu verschwinden, bevor sie zunächst in einigen Ausstellungen und Katalogen gefeiert werden und später auf Auktionen durch fulminante Zuschlagspreise wieder in Erscheinung treten. Mitunter verweilen sie auch vorübergehend als sogenannte Dauerleihgabe einige Jahre lang in einem öffentlichen Museum, um dann erneut versteigert zu werden oder ein Privatmuseum zu zieren. Ausstellung und Kunstmuseum wurden ab Ende der 1990er Jahre zu Wert steigernden Instanzen, gleichsam ›Durchlauferhitzern‹ für den Kunstmarkt (vgl. S. 74ff., 80ff.).

ZUWEISUNG UND DISKRIMINIERUNG

Wir haben uns daran gewöhnt, das Museum als ›natürliches Habitat‹ der Kunst anzusehen, aber ein Blick auf die Entstehung von Museen lehrt anderes. Wie erwähnt, wurde 1793 der Pariser Louvre eröffnet, der das ›Volk‹, die Allgemeinheit, an den kulturellen Schätzen der Nation teilhaben lassen wollte – ein hehrer demokratischer Auftrag. Die im Museum versammelten Kunstwerke wurden zum kulturellen Erbe erklärt, das die Identität der Nation stiftete, und sollten Geschmack und Kulturbewusstsein der Bürger*innen prägen. Dieses Top-Down-Deklarieren ist de facto wenig demokratisch, und die Kriterien und Kategorien ästhetischer und kultureller Zuweisungen wurden auch nicht zur Diskussion gestellt. Die Akademien und später die Kunstgeschichte entwickelten Narrative, um die Vorgaben der staatlichen Instanzen zu legitimieren. So etablierte sich

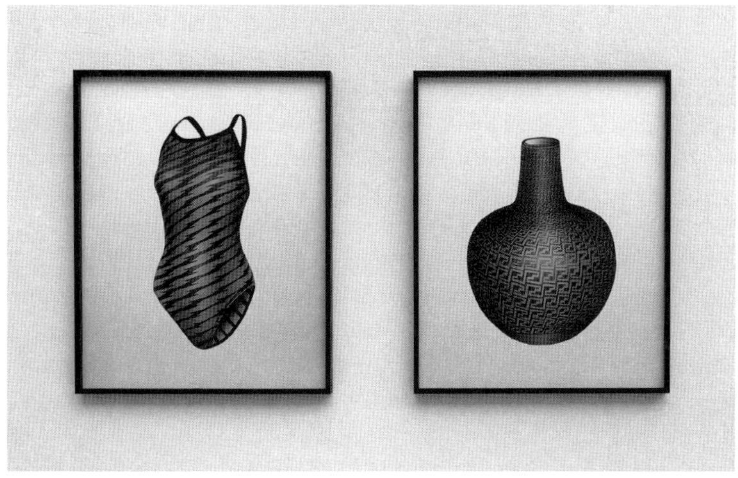

14   Matthias Wollgast, figure no. 37 & 38, Silbergelatineabzüge, handkoloriert,
je 55 × 45 cm, Ausstellung »The Age of Neptune« 2016 im PCM (© Matthias Wollgast /
© VG Bild-Kunst, Bonn 2017) (vgl. auch Abb. 20, 26)

In der Ausstellung würdigte Wollgast das Werk des in Vergessenheit geratenen und von
ihm wiederentdeckten Outsider-Künstlers Jan Usinger, dessen Hang zu typologischen
Vergleichen zwischen Hohlkörpern auch zur Gegenüberstellung eines Badeanzugs und
einer Vase, die Wollgast in seiner Arbeit aufgreift, führte.

Kunstgeschichte als ›Herrschaftswissen‹, dessen Spezialisierungen
in etwa jenen der entstehenden Museen entsprach: Mittelalter, By-
zantinische Kunst, Angewandte Kunst, Kunsthandwerk etc. Nicht-
akademischen Bildwelten (Autodidakten, sogenannte Outsider,
›Naive‹ etc.) wird zwar durchaus Kreativität zugebilligt, nicht aber
ein Kunststatus zugeschrieben (Abb. 14). Mittelalterliche Bildwerke,
die stets im Kontext eines Kultes entstanden und benutzt worden
waren, werden im Museum nurmehr ästhetisch betrachtet. Während
man mittelalterliche Kultbilder als Kunstwerke im Kunstmuseum
antrifft, werden Bildwerke wie Reliquiare, Monstranzen und sons-
tiges Kultgerät in Verkennung mittelalterlicher Bild- und Wertig-
keitsvorstellungen meistens in Museen für Kunsthandwerk gezeigt.
Inkonsequent ist außerdem, Museen mit mittelalterlichen Bildwerken (zum Beispiel das Schnütgen-Museum in Köln) als ›Museen mittelalterlicher Kunst‹ zu deklarieren, während man solche mit Kultge-
räten und -bildern anderer Kulturen ›Museen der Kultur‹, ehemals
›Völkerkundemuseen‹, nennt.

In Frankreich zum Beispiel gibt es eine eigene Sparte der Museologie, die sich mit den spezifischen Problemen der ›Musealisierung des Sakralen‹ befasst. Das Kunstmuseum entdifferenziert als vermeintliche Nobilitierung alle Bildkulturen zu ›Kunst‹ bzw. verweigert ihnen ohne triftige Argumente diesen Status. In der westlichen Kultur gilt es für jedes Kunstwerk als ersehntes Ziel, einen Platz im ehemals als ›Pantheon der Geschichte‹ verstandenen Museum zu erhalten, heute garantiert es vor allem eine optimale Wertschöpfung; dazu später mehr. Ursprünglich war es immerhin als Instrument zur Steuerung nationaler Identität und kultureller Vorbilder Inbegriff westlicher Kunst- und Kulturvorstellungen gewesen. Sein Wandel besonders seit den 1970er Jahren ist symptomatisch für jenen der Rolle, die der Kunst in der Gesellschaft zugemessen wurde.

Obwohl es in allen Kulturen der Welt, wenngleich anders definiert, Kunst bzw. je eigene Bildkulturen gab und gibt, verfügten nicht-westliche Kulturen ursprünglich über keine Museen, da Ästhetik nicht als freier Wert isoliert, sondern Teil einer ganzheitlichen Auffassung aller Lebensbereiche war und ist; sie bedurfte keiner eigenen Reservate, wie das Museum hier vorerst umschrieben sei. Nur in der westlichen Kultur wurde seit der Neuzeit mittels der Kategorie ›Kunst‹ eine Kulturtechnik entwickelt, die ästhetische Artikulation weg vom Kult bzw. gesamtgesellschaftlichen Zusammenhängen zum individuellen Ausdruck autonomisierte und zu einer eigenen Mitteilungssphäre entwickelte; diese bedurfte dann auch eigener Orte: Ausstellung, Sammlung und Museum.

VOM »LAGERPLATZ« FÜR BEUTESTÜCKE ZUM ERSEHNTEN PANTHEON

Im Westen entstand das Museum während fundamentaler Umwälzungen gesellschaftlicher und politischer Ordnungen, als Adel und Kirche enteignet wurden, es war somit nur eine Möglichkeit der Unterbringung ort- und funktionslos gewordener, d. h. entkontextualisierter Werke, die allein isolierter, primär ästhetischer Betrachtung preisgegeben wurden. Nicht zu Unrecht nannte Peter Sloterdijk 1989 Museen »Schulen des Befremdens«, »Lagerplätze für kulturelle Kriegsbeutestücke, prunkvolle Gästehäuser für Trophäen wissenschaftlich getarnter Plünderungen, Archive, Schatzhäuser, Stapelplätze für Objekte bürgerlicher Wertschätzungen«. Als diese Sammelstellen von de-, ent- und rekontextualisierten Bildwerken und Objekten ins Leben gerufen wurden, kritisierten auch Künstler und Kunstliebhaber sie heftig. Der französische Schriftsteller, Archäologe und Kunsthistoriker Quatremère de Quincy zum Beispiel, der die Umwälzungen der Revolution und die Entstehung des Louvre Ende des 18. Jahrhunderts miterlebte, lehnte die Idee des Museums vehement ab: Kunstwerke gehörten dorthin, woher sie gekommen seien und seien nur in ihrem ursprünglichen Kontext verständlich. Das Museum instrumentalisiere Kunst und entfremde sie, verenge Blick und Verständnismöglichkeit. Besonders wandte er sich gegen Napoleon, der während seiner Feldzüge wichtige griechische und italienische Meisterwerke als Beute mitnahm, um den Louvre zu bestücken, das Pantheon französischer, also abendländischer Kultur schlechthin. Sein Vorwand: Die Kunstwerke würden gleichsam ›heimgeholt‹, da Frankreich das Land der Freiheit sei. Damals verstand man antike Kunst als komplexen Ausdruck einer historischen, sozialen, politischen und moralischen Ordnung; diese, so die Gegner der Museumsidee, könne aber einzig im ursprünglichen Kontext zur Geltung kommen. Angesichts einer so hohen Bewertung alter Kunst fragte man sich, ob wohl auch die aktuelle Kunst dies zu leisten vermochte, und debattierte darüber, ob man nun dem Staat die Obhut über die Kunst überlassen sollte oder lieber dem freien Markt. Sehr kritisch bewertete Quatremère zum Beispiel den Handel mit Bildern von Raffael, die zu Fetischen des Kunstmarktes geworden waren, schätzte man doch inzwischen deren Marktwert höher ein als deren ethischen, kulturellen und ästhetischen Wert. Er verachtete die pekuniäre Betrachtung, die käufliche Kunst statt Objekte der öffentlichen Bildung im Blick hatte. Stellvertretend für viele Kunstkenner seiner Zeit reflektierte Quatremère bereits zu Beginn der Moderne das Schicksal der Kunst im Zeitalter von Museen und Kapitalismus. Das Museum favorisierte den Umgang mit Werken jenseits ihrer Provenienz und Zugehörigkeit. Die Fokussierung auf die ›reine‹ Ästhetik erlaubte es, eine ganzheitliche Betrachtung zu eskamotieren. Unter anderem um in diesen Depots für Bild- und Kunstwerke aus den unterschiedlichsten Ursprungskontexten eine Ordnung und ein Narrativ zu schaffen, entstand dann übrigens die Kunstgeschichte,

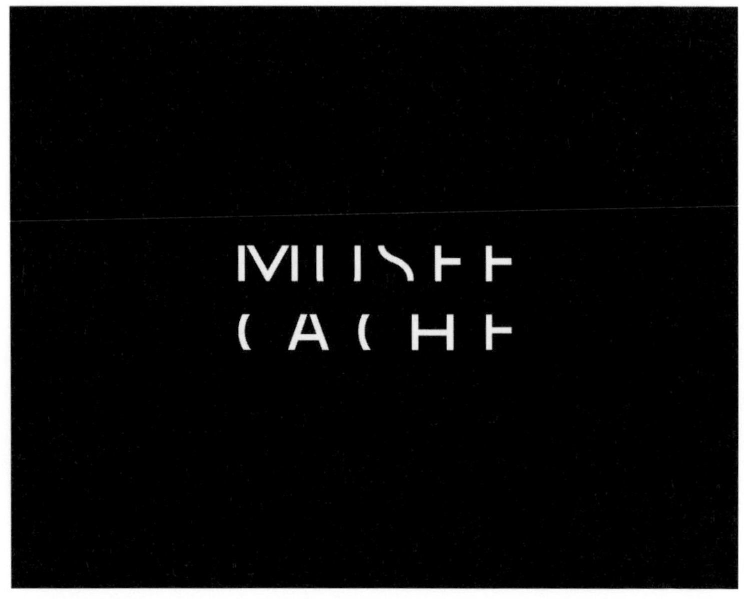

15   Ariel Kupfer, Musée caché, 2016, Logo des Museums und Plakat der Eröffnung
einer Dependance im PCM (© Ariel Kupfer)

Der in Paris lebende argentinische Künstler Ariel Kupfer betreibt ein verborgenes Museum
(»Musée caché«), das im Sommer 2016 eine Dependance im und eine Kooperation mit
dem PCM eröffnete.

d.h. die retrospektiv rekonstruierte bzw. erfundene Ordnung von
Dingen; um diese aus ihrer Entfremdung wieder zu entlassen, ersetz-
te bzw. ›strickte‹ man fortan die Geschichte der verschiedenen Bild-
künste. Allzu oft wird vergessen, dass diese Rekonstruktionen den
jeweiligen Bedürfnissen der Zeit entsprechen, in der sie verfasst wurden. In Zeiten des Fortschrittsglaubens und der Kolonialisierung begründet, hat das Museum Gewalt und Entfremdung ›in seine DNA
eingeschrieben‹. Es wurde zu einer mächtigen Instanz, der es oblag,
gleichsam von Staats wegen zu dekretieren, was gute und wahre
Kunst, welches das nationale kulturelle Erbe und die eigene Identität
sei. Es wurde zum Inbegriff der Tradition, der Geschichte und des
(bis zur Moderne akademisch festgelegten) Kanons. Kunst, die ins
Museum einzog, erfuhr die Weihen der Geschichte. Diese Autorität
blieb fester Bestandteil seiner Aura und wurde allgemein nicht mehr
in Frage gestellt (Abb. 15). Das Museum entstand mit der Moder-

ne, und in ihm wurde über die Tradition der sich autonomisierenden Praktiken des Feldes ›Kunst‹ entschieden.

SEHNSUCHTSORT ODER FEINDBILD?

Nicht von ungefähr wurden Museen und die von ihnen verkörperten Traditionen zum Inbegriff der Reaktion, gegen die sich alle Avantgarden seit der historischen Moderne (circa 1800) bis in die 1970er Jahre richteten. Heutzutage dagegen strebt sogar die zeitgenössische Kunst in den ›Sehnsuchtsort‹ Museum. Ist es kein ›Bollwerk der Reaktion‹ mehr?

Bildkulturen gibt es seit circa 40.000 Jahren, etwas, das ›Kunst‹ genannt wurde, seit circa 2000 bzw. circa 500 Jahren. Verglichen damit ist das öffentliche Museum, in dem Bild- und Kunstwerke rein ästhetischer Betrachtung ausgesetzt sind und das als Bestimmungsinstanz dient, mit circa 225 Jahren doch eine recht junge Institution! Wie stark es bis heute die generell waltenden Vorstellungen von Kunst prägt und wie wenig es allgemein in Frage gestellt wird, ist überraschend. Und doch befindet es sich in einer Krise, und in der Fachwelt wird seit Jahren heftig um seine Neubestimmung gerungen.

Da Kunst, um wirksam zu werden, der Öffentlichkeit bedarf, ist die Möglichkeit des Ausstellens essenziell. Künstler wie Caravaggio oder Jacques-Louis David, die nach einer gewissen Autonomie strebten, nutzten schon früh ihre eigenen Ateliers, um jenseits von Aufträgen und der von akademischen Jurys geregelten Aufnahme in offizielle Ausstellungen Publikum für ihre Werke zu gewinnen. Auch Caspar David Friedrich zum Beispiel zeigte seinen berühmten »Tetschner Altar« (»Kreuz im Gebirge«), eigentlich ein Auftrag für eine Privatkapelle (1807/08), zunächst auf Drängen einiger Freunde in seiner Wohnung; dabei bemühte er sich, die Lichtverhältnisse einer Kapelle zu erzeugen. Die darauffolgenden heftigen Debatten in der kritischen Öffentlichkeit (Salons, Kunstkritiken) gehören zu den grundlegenden Momenten deutscher romantischer Malerei und Theorie. Diese Anekdote zeigt jedoch das Dilemma freier, autonom entstandener Kunst: Welcher ist der ihr angemessene Wirkungsort?

Um ein Publikum zu erreichen, bedarf es zunächst einer Ausstellungsmöglichkeit. Aber dann? Bis zur Moderne waren Bilder streng nach Gattungen und Funktionen hierarchisiert: Historienbild, Porträt, Genre-, Landschaftsbild, Stillleben. Am höchsten angesehen war das Historienbild, am geringsten das Stillleben; auch Formate und Themen waren vorgegeben, da sie den Funktionen und Anbringungen in Kirchen und Palästen entsprechen mussten. Die Gründe für diese Hierarchisierung wurden genau dargelegt, nahmen doch die formalen, stilistischen und inhaltlichen Schwierigkeiten vom Belebten zum Unbelebten hin ab. Um ein Historienbild, sei es sakral oder profan, zu schaffen, musste der Künstler viele Formen der Menschen- und Bewegungsdarstellung beherrschen.

Bis zur Moderne entwickelte sich die Malerei, indem innerhalb dieser Rahmenbedingungen immer wieder Neuartiges erfunden wurde. Die allgemeinen Maßstäbe und Vorbilder stammten von antiken (griechischen bzw. römischen) bildlichen und theoretischen Überlieferungen. Mit Beginn der Moderne, d.h. ab circa 1800, waren die Künstler nicht mehr willens, solchen Vorgaben zu folgen, sondern nahmen sich die Natur oder ihre eigene Zeit zum Vorbild für ihre Werke. Es entstanden nicht nur neue Themen, Formen und Stile sondern auch neue Gebrauchsformen, Formate sowie Orte für Kunst und die Begegnung mit Kunst. Die Werke der rebellischen, innovativen Künstler wurden, wie bereits beschrieben, zunächst nicht in die offiziellen Ausstellungen aufgenommen und benötigten alternative Öffentlichkeiten; genauso lange dauerte es, bis sie in die offiziellen Sammlungen der Museen Eingang fanden. Moderne Künstler waren also zunächst ›Ausstellungskünstler‹, begehrten aber doch Aufnahme in den offiziellen Salon und dann auch ins Museum, den Sehnsuchtsort der Geschichte, Ort der öffentlichen Anerkennung und des Ankommens in der (Kunst-)Geschichte. Dieses ›Bollwerk der Tradition‹ sollte indessen zahlreiche Metamorphosen erleben.

MUSEUM IM WANDEL

Mit ›Museum‹ ist im Folgenden vornehmlich das Kunstmuseum gemeint, und zwar in diesem Rahmen die europäische, vorerst staatliche bzw. kommunale Variante, die nicht-westliche Werke, vermeintlich ›angewandte Kunst‹ etc. ausschließt. Nordamerikanische Museen sind hingegen stets privat und von wohlhabenden Trustees oder Mäzenen finanziert. In Europa variieren die Strukturen zwar von Land zu Land, aber alle Kunstmuseen entstanden ursprünglich im öffentlichen Auftrag mit der Aufgabe, das nationale kulturelle Erbe zu vertreten und zu pflegen. Dass der Gründungsgedanke, nämlich Kunst und Kultur der Allgemeinheit zur Verfügung zu stellen, nicht genuin demokratisch war, wurde bereits betont. Die Funktion als Hort von Kultur und Bildung, inszeniert als Ort des Erhabenen, zum Beispiel mit Stufen und Säulenhallen wie bei Karl Friedrich Schinkels Altem Museum in Berlin, trug dem Museum denn auch das Image ein, elitär und schwer zugänglich zu sein. In den 1970er Jahren begann man darüber nachzudenken, wie sich die Hemm- und Zugangsschwellen zum Museum abbauen ließen, und es entstand die breite Bewegung der Museumspädagogik und der ›Kultur für alle‹. Im ›Museum der Zukunft‹, so Gerhart Bott 1970, wurde erwogen, das Museum zu dynamisieren, die Sammlungen flexibler zu präsentieren und dem Besucher weniger »von oben herab«, aus der Distanz des Experten, zu begegnen. Museen wurden transparent, mit der Anmutung einer Kaufhausarchitektur gebaut (Sprengel Museum Hannover, Römisch-Germanisches Museum und Museum Ludwig in Köln) und ausgefeilte Programme zur Vermittlung der Exponate entwickelt. Berühmtestes Beispiel dafür ist das als Kulturzentrum konzipierte Centre Pompidou in Paris, das als Manifest des damaligen musealen Zeitgeistes gelten kann. Dort ist das Kunstmuseum in ein Ensemble kultureller Aktivitäten integriert. Das sanft abfallende Kopfsteinpflaster der Umgebung ›verführt‹ den Besucher in die Eingangshalle des transparenten Glaskastens, in die ›Kulturfabrik‹.

Nachdem Guy Debord 1967 in einer kritischen Bestandsaufnahme vor der »Gesellschaft des Spektakels« gewarnt hatte, die durch den Kapitalismus befördert worden sei, wurde heftig über die ›Eventisierung der Kultur‹ gestritten. Das Centre Pompidou schien alles das zu repräsentieren, was Debord als Menetekel gesehen hatte: die Einflüsse des Konsums und der Medien, die Feier der Oberfläche, alles würde zur Show. Die Bedürfnisse des Menschen würden ignoriert; er werde zum passiven Konsumenten eines fortwährenden Spektakels degradiert, das die Geschichte in Vergessenheit geraten lasse. Nichtsdestotrotz hat das Centre Pompidou beispielhaft zu einer tatsächlichen Öffnung des Museums und zur Demokratisierung des Zugangs zur Kultur geführt.

Es begann eine Welle von Neu- und Umbauten von Museen; besonders Deutschland wurde durch einen wahren ›Museumsboom‹ erfasst, der von 1977 bis in die 1990er Jahre anhielt: 1977 Neubau des Wilhelm-Hack Museums in Ludwigshafen, 1981 Neubau der Neuen Pinakothek in München, 1982 Neubau des Städtischen Museums Abteiberg in Mönchengladbach, 1984 Erweiterungsbau der Staatsgalerie in Stuttgart, 1984 Neubau des Architekturmuseums in Frankfurt, 1985 Neubau des Museums für angewandte Kunst in Frankfurt, 1986 Umbau der Kunstsammlungen Nordrhein-Westfalen in Düsseldorf, 1989 Baubeschluss des Zentrums für Kunst und Medientechnologie in Karlsruhe, um nur die wichtigsten zu nennen. Waren die 1970er Jahre noch von einem pädagogischen Impuls geprägt, so wandelten sich danach die Aufgaben der Museen im Umgang mit ihrem Publikum: Sie waren immer noch Orte der Bildung und wurden zunehmend auch solche der Unterhaltung. Kunsthistorisch wurde bisher wenig gewürdigt, dass sich diese veränderte Auffassung nicht nur negativ auswirkte, sondern auch neue Dimensionen des Zugangs eröffnete.

VON DER FABRIK ZURÜCK IN DEN TEMPEL

Der Kontrast zwischen der nüchternen ›Kulturfabrik‹ Centre Pompidou von 1977 und dem 1986 eröffneten prächtigen, umgebauten Bahnhof des Musée d'Orsay illustriert, dass die Kunst wieder in den Tempel einzog. Ins Centre Pompidou tritt man – abgesehen von den neuerdings nötigen Sicherheitsmaßnahmen – nahezu unbemerkt wie in ein Kaufhaus ein, während man im Musée d'Orsay den Zugang zu den Etagen entweder über nicht unmittelbar einsehbare Treppensysteme schaffen muss oder in die Haupthalle eingelassen wird, die durch ihre Größe, Pracht und Fülle an Werken zunächst überwältigt, wenn nicht gar überfordert. Man könnte auch den sachlichen, offenen Bau des Ludwigshafener Wilhelm-Hack Museums, entworfen von den Stuttgarter Architekten Hagstolz und Kraft, der Münchner Neuen Pinakothek Alexander von Brancas gegenüberstellen: Während sich das Ludwigshafener Gebäude um den Abbau von Hemmschwellen bemüht, konfrontiert der Münchner Bau den Besucher mit der Anmutung einer Trutzburg, zu der er sich über viele Stufen und durch eine schmale Drehtür Zugang verschaffen muss; im Innern wird er dann von einer überdimensionierten, einschüchternden Halle in Empfang genommen. Offensichtlich hat sich der Zeitgeist gewandelt: In den 1970er Jahren wollte man im Museum pädagogisch verführen und überzeugen, und in den 1980ern galt es, zu überwältigen, zu begeistern und staunen zu machen. Zur selben Zeit wurden postmoderne Architektur und Design bunt, vorlaut und unübersehbar; auch die Kunst der sogenannten Transvanguardia und sogenannten Neuen Wilden sorgten für auffällige Präsenz. Der alte Kult des genialen, extravaganten, ach so männlichen Künstlers lebte wieder auf. Nach Jahren intellektueller, konzeptuell-asketischer Kunst (Minimal Art, Concept Art etc.) gab es wieder etwas zu sehen. Während sich das Äußere der Museen und die Art, sie zu betreiben, wandelten, nahm auch die mediale Präsenz moderner und zeitgenössischer Kunst zu. Die Attraktivität moderner Kunst erhöhte sich in der sich ausbreitenden sogenannten Kultur des Spektakels, wohl Symptom der sogenannten Freizeitgesellschaft und eines ›Zeitgeistes‹, von man damals zu sprechen begann.

NEUER ZEITGEIST

Die documenta 1982 läutete mit viel medialer Begleitung ein Jahrzehnt ein, in dem die nicht nur Kunst der Gegenwart, sondern auch Ausstellungen immer präsenter wurden und ein immer breiteres Publikum anzogen. Die neuen Museen erwiesen sich als Publikumsmagnete, und die leichter konsumierbare Kunst der deutschen Neo-Expressionisten, die auch in Italien und Frankreich erfolgreich war, wurde omnipräsent. Große, zunächst aus dem Ausland importierte Ausstellungen führten vor, dass deutsche Kunst wieder international integriert war. Hinzu kamen neben den documenta-Schauen 1982 und 1987 epochale Großausstellungen wie »Westkunst« 1981 in Köln, »Zeitgeist« 1982 in Berlin, »Von hier aus« 1984 in Düsseldorf oder »Bilderstreit« 1989 in Köln. Die Städte hatten die Kunst als Wirtschaftsstandortfaktor entdeckt und förderten deshalb Ausstellungen und Kunstmessen; dabei konkurrierten Frankfurt und Köln um die führende Position im Bereich der Gegenwartskunst. Begleitet von heftigen Kontroversen in den Medien lockten die Ausstellungen ein stetig größeres Publikum an. In »Westkunst« wurde ein Überblick von 1939 bis circa Ende 1960 versucht und durch einen Teil mit dem Titel »Heute« ergänzt. Für diesen Zeitraum gab es noch keine kunstgeschichtliche Darstellung, doch wagten es die Ausstellungsmacher Kasper König und Laszlo Glozer, mit diesem Teil einen wichtigen Abschnitt der Nachkriegskunst zu skizzieren. Besonders die Mammut-Ausstellung »Bilderstreit«, ein Versuch der Stadt Köln, seine Stellung gegenüber dem aufstrebenden Frankfurt zu festigen, wurde von Kontroversen über Geschichtsklitterung, Galeristen- und Kritikermachenschaften sowie marktpolitische Entscheidungen begleitet. Da der erhoffte Erfolg ausblieb, musste die Ausstellung zwar frühzeitig ihre Tore schließen, aber sie hatte angestrebt, essayistisch einen Überblick über das Kunstgeschehen zu geben. Vertreten waren nur bekannte Namen, so dass sie sich den Vorwurf der Marktidentifikation einhandelte, der für größere Ausstellungen topisch werden sollte. Die 1980er Jahre brachten insofern eine epochale Wende, als die Kunstmuseen sich zunehmend der Moderne und Gegenwart öffneten, Ausstellungen versuchten, Kunstentwicklungen zu erklären und gleichsam Kunstgeschichte zu schreiben, und aktueller Kunst größere mediale Aufmerksamkeit und Präsenz zuteil wurde. Neben der Rückkehr der Malerei steigerte sich zugleich das Interesse für die sogenannten Neue Medien Fotografie und Video. Das Zentrum für Kunst und Medientechnologie (ZKM) in Karlsruhe weckte Hoffnungen auf neue Dimensionen der Künste im digitalen Zeitalter. Durch Großformate, Leuchtkästen und plakative Bezüge zur Kunstgeschichte wurde Fotografie (Cindy Sherman, Jeff Wall und die sogenannte Düsseldorfer Schule) spektakulär und zog endlich auch in Deutschland ins Museum ein.

Das Publikum lehnte weder die Rückkehr in die neuen erbauten Tempel der Künste noch das Spektakuläre ab, im Gegenteil: Beide Aspekte trugen offenbar zu einer größeren Akzeptanz bei. Erinnert sei schließlich an die von Jan Hoet initiierte Ausstellung »Chambre d'Amis« 1986 in Gent, die symptomatisch für die sich verändernden Bedingungen der Möglichkeit moderner und zeitgenössischer Kunst war: Hoet hatte Menschen verschiedener sozialer Schichten dafür gewinnen können, ihre Privatwohnungen einige Tage lang für Interventionen zeitgenössischer Künstler*innen zu öffnen. Die Besucher*innen mussten, um die Kunstwerke in ihrer jeweils besonderen Konstellation

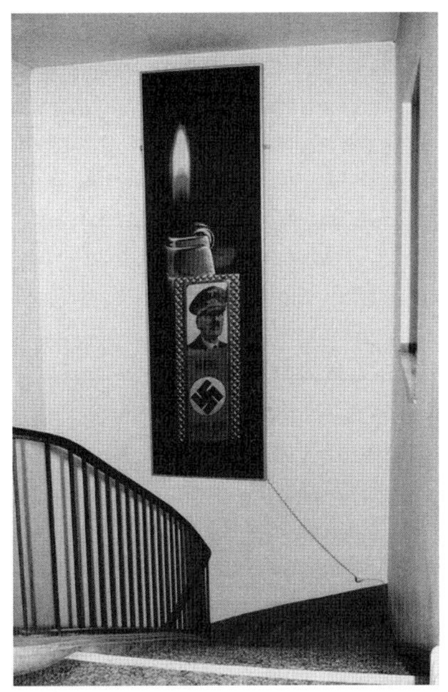

16 Wolfgang Flatz, BIC Light, Installation im Treppenhaus, Ausstellung »Spiel mit dem Feuer« 1999 im KHI (© Olaf Peters / © VG Bild-Kunst, Bonn 2017)

Das Einwegfeuerzeug mit dem Bild Hitlers fand Wolfgang Flatz in Italien, er vergrößerte es zu einem 4 m hohen Leuchtkasten. Die Installation sollte im Haus der Kunst in München ausgestellt werden, dort schreckte man davor jedoch zurück. Anlässlich seiner Ausstellung im KHI, in der Flatz den Umgang der Deutschen mit dem Nationalsozialismus in den Blick rückte, konnte er zum ersten Mal das Werk zeigen.

zu erleben, von Wohnung zu Wohnung pilgern. So wurde deutlich, welch große Rolle der Ort der Begegnung spielt: Das Museum oder die übliche Ausstellung bilden nicht unbedingt den idealen Ort und damit Kontext für das Verständnis zeitgenössischer Kunst (Abb. 16). Hier wurde eine der topischen Forderungen aller Avantgarde realisiert, nämlich ›Kunst und Leben‹ zusammenzuführen.

EXKURS: DILEMMATA DER AVANTGARDE

Alle Avantgarden stoßen auf das grundlegende Dilemma, dass sie sich gegen ein Werte- und Betriebssystem auflehnen, auf das sie, um Anerkennung zu finden, zugleich angewiesen sind; darauf wurde schon hingewiesen. Édouard Manet löste beispielsweise mit allen seinen Werken, die heute als ›Ikonen der Moderne‹ betrachtet werden, seinerzeit Skandale aus. Nichts begehrte er mehr, als im offiziellen Salon aufgenommen zu werden und dort Anerkennung zu erhalten; aber immer wieder scheiterte er dabei. Der malende Revolutionär war im Alltag ein konservativer Bürger.

Ein anderes fundamentales Paradoxon moderner Kunst ist die Forderung nach Freiheit und Autonomie, deren Erfüllung jedoch bedeutet, sich zum einen den Gesetzen des sogenannten freien Marktes auszuliefern und zum anderen die eigene gesellschaftliche Relevanz beweisen zu müssen. Bei vormoderner Auftragskunst hatten sich Fragen nach Rolle und Bedeutung der Kunst nicht gestellt; debattiert werden konnte innerhalb der gegebenen Bedingungen höchstens über Spielräume einer eventuellen Kritik. Um im Rahmen der neuen Freiheit gleichsam wieder gesellschaftliche Resonanz bzw. Relevanz zu erlangen, forderten die Künstler bald nach Beginn der Moderne vielfach, Kunst und Leben zusammenzuführen. Alle großen Avantgarde-Bewegungen entwickelten Manifeste und Programme, in denen zur Rolle der Kunst in der Gesellschaft Stellung genommen wird. Auch das zunächst von Richard Wagner formulierte Konzept des ›Gesamtkunstwerks‹ zielte darauf ab, mittels umfassender gestalterischer Einbeziehung aller Bereiche des Lebens die Bildenden Künste wieder in der Gesellschaft zu verankern.

Um 1850 formulierte die Arts-and-Crafts-Bewegung in England dazu erste Ansätze, die um 1900 im Jugendstil, ab 1907 im Deutschen Werkbund und ab 1919 insbesondere im Bauhaus weiterentwickelt wurden. Die Ende der 1920er Jahre parallel in Deutschland, Holland und Russland entstandenen ›großen Abstraktionen‹ (Kandinsky, Mondrian, Malewitsch) formulierten ganze Weltanschauungen, besaß doch die neue abstrakte Sprache der Kunst einen Anspruch auf universelle geistige und spirituelle Verständigung. Ein Teil der Intelligenz (DADA, Futurismus) fasste den Ersten Weltkrieg als Bankrotterklärung der abendländischen Kultur und ihres vermeintlichen Humanismus auf, und auch die Kunst sollte als bürgerliche Kategorie abgeschafft werden (DADA, Duchamp). Andere Künstler (Kubismus, Surrealismus) wollten sie hingegen erneuern, um ihr wieder gesellschaftliche Relevanz (Neue Sachlichkeit, kritischer Realismus, Neues Sehen) zu verleihen. Wahrgenommen und gefördert wurde dies damals allerdings nur von wenigen, vornehmlich intellektuellen Kreisen und wohlhabenden Mäzenen. Moderne und zeitgenössische Kunst blieben nur einer eingeschränkten Öffentlichkeit zugänglich. Deutschland bildete dabei indessen eine Ausnahme, gab es dort doch ab der zweiten Hälfte des 19. Jahrhunderts ein breite bürgerliche Öffentlichkeit, die durch Gründung von Kunstvereinen

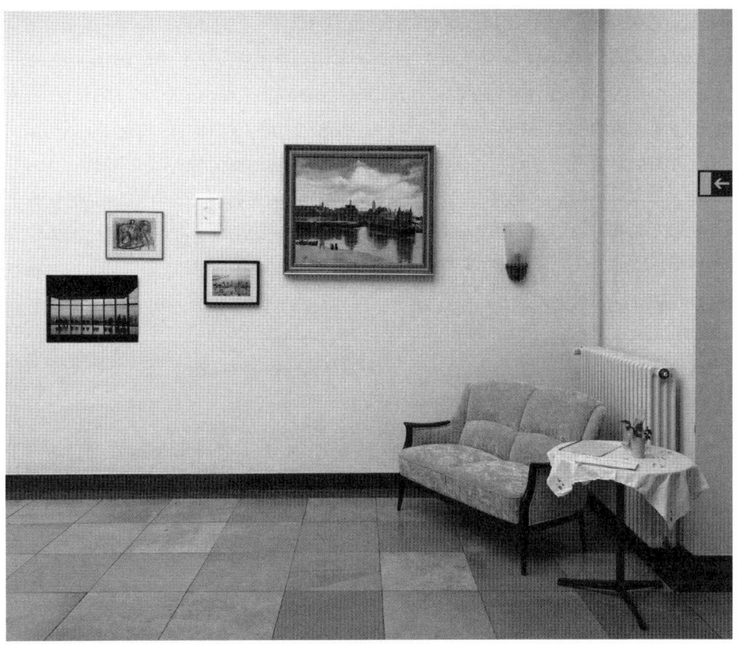

17   »Bildertausch«, Ausstellung 2015 im PCM (© Jean-Luc Ikelle-Matiba)

In Kooperation mit der Biennale New Talents, den Kunsthistorischen Instituten der Universitäten Düsseldorf und Bonn fand ein Experiment statt, in dem Sammler*innen die Möglichkeit erhielten, eines ihrer Werke für ein Jahr mit dem Werk eines/r jungen Künstlers/in zu tauschen. Das Ergebnis des mit Studierenden durchgeführten Projektes wurde in einer von ihnen kuratierten Ausstellung dokumentiert.

und allgemein zugänglichen Kunstzeitschriften ihren Anspruch auf Teilhabe am aktuellen Kunstgeschehen artikuliert hatte. Zwischen 1800 und 1840 hatten Künstler und aufstrebende Bürger Kunstvereine und Kunsthallen, spezifisch deutsche Institutionen, ins Leben gerufen, die sich der Vermittlung von Gegenwartskunst auch an Laien widmeten. Sie waren Ausdruck einer Emanzipationsbewegung, da man das Sammeln von Kunst nicht länger dem Adel hatte überlassen wollen. So emanzipatorisch die Kunstvereine auch waren, sind sie zugleich ein Symptom dafür, dass moderne und zeitgenössische Kunst besonderer Vermittlung bedarf und keinen selbstverständlichen Ort in der Gesellschaft innehat.

Begibt man sich auf das Feld der aktuellen Kunst, fällt es schwer, nicht auf deren Begleitumstände, Kontexte, Situationen und Konstellationen zu sprechen zu kommen, also das berüchtigte ›Betriebssystem Kunst‹ (BSK oder auch *art world*, ›Kunstwelt‹) zu berücksichtigen, mit dem die Kunstgeschichte lange nichts hatte zu tun haben wollen. Doch bleiben dessen Wirkungen nicht außen vor, insbesondere seit der Preis immer mehr zum Kriterium für die Bedeutung eines Kunstwerks wurde. Um diese Entwicklung zu verstehen, gilt es, nach den Rollen der Ausstellungen, der Museen, des Sammelns (Abb. 17), der Orte und Mechanismen der Werteschaffung in der Kunst der Moderne und Gegenwart zu fragen.

WO IST DER ORT DER MODERNEN UND ZEITGENÖSSISCHEN KUNST?

Als moderne Kunst im 19. Jahrhundert entstand, wollte sie sich von der offiziellen, akademischen Kunst absetzen und eine Gegenposition einnehmen; dementsprechend war sie ort- und funktionslos. Die sogenannten Avantgarden systematisierten dann die Bewegung des Protestes, der Dissidenz. Künstler taten sich zusammen, um sich programmatisch gegen den be- und anerkannten Kanon zu positionieren: In diesem Sinne sind die sogenannten Nazarener die erste Avantgarde, eine Gruppe junger romantisch-religiöser deutscher Künstler, die 1804 an der Wiener Kunstakademie den Lukasbund ins Leben riefen, um ihre Vorstellungen einer modernen Kunst gegen die Vormachtstellung des Klassischen zu vertreten. Als Protagonisten der frühen Moderne gelten für gewöhnlich Künstler wie Caspar David Friedrich und Théodore Géricault. Auch Gustave Courbet, der 1855 unter der Kampfparole »Le Réalisme« einen eigenen Pavillon errichtete, Édouard Manet ab den 1860er Jahren und die sogenannten Impressionisten ab den 1870ern erregten dadurch Aufmerksamkeit, dass sie gegen die akademische Ästhetik für neue Kunstvorstellungen eintraten und bei den offiziellen Salons abgewiesen wurden. Galeriewesen und Kunsthandel waren erst im Entstehen, so dass Präsentationen der Werke in Ateliers und temporären Ausstellungsgebäuden improvisiert werden mussten. Um die Aufmerksamkeit der Öffentlichkeit zu erlangen, waren Provokation und von den Medien inszenierte Skandale die adäquaten Werbemittel.

Nahezu 1800 Jahre lang wurde die Öffentlichkeit der Kunst von den Auftraggebern bzw. den Akademien bestimmt. Seit dem 17. Jahrhundert fanden regelmäßig Ausstellungen statt, hatte Ludwig XIV. doch 1667 den Pariser Salon gegründet, um den offiziellen höfischen Kunstgeschmack zu propagieren. Zuvor (1648) hatte er die Gilden abgeschafft und die Gründung einer Akademie der Schönen Künste befürwortet, auch um Kontrolle über die Ästhetik ausüben zu können. Die Möglichkeiten, Kunst zu produzieren bzw. zu betrachten, waren also staatlich gelenkt, und als Künstler musste man in den Salon aufgenommen werden. Das war vor der Revolution den Mitgliedern der königlichen Kunstakademie vorbehalten; danach entschied eine Jury über die Zulassung und die Prämierung. Der erste Ort der Bewährung moderner bzw. zeitgenössischer Kunst vor Publikum war also temporär: die Ausstellung. Zu deren Rolle diagnostizierte Walter Benjamin in den 1930er Jahren, der Ausstellungswert habe den Kultwert ersetzt.

SALONFÄHIGKEIT

›Salonfähig‹ zu sein, bedeutete also, ausgestellt werden zu können und dem herrschenden Geschmack zu entsprechen. Prägendes Dilemma moderner Kunstbewegungen ist, wie mehrfach erwähnt, sich als Gegenposition zum Bestehenden zu entwickeln, aber allgemeine Anerkennung anzustreben, für die der über Ausstellungen geregelte Zugang zur Öffentlichkeit Voraussetzung ist. Die Geschichte der Moderne handelt von Aufeinanderfolgen von Dissidenz und allmählicher Anerkennung bis zur nächsten Welle erneuter Kritik und Antihaltungen. Wie das englische Wort *exhibition* nahelegt, gehört zum Ausstellen eine Dimension des Exhibitionismus, des Sich-dem-Publikum-Aussetzen-Müssens.

Manets Skandalgemälde »Olympia« (1863) inszeniert überaus deutlich und realistisch im Format der von Giorgione, Veronese, Velázquez und Goya geprägten liegenden Venus eine stadtbekannte Lebedame in Begleitung ihrer schwarzen Zofe, die ihr und dem Betrachter einen Blumenstrauß darbietet, und kann als metaphorische Umschreibung des Schicksals moderner Malerei gelesen werden. Jedenfalls hat die Darstellung einer schönen Frau als Allegorie der

Malerei – je schöner sie ist, desto größer die Kunst des Malers – eine lange abendländische Tradition. Manet zeigt sie bzw. eben die Malerei nun als eine Dame, die sich zum Kauf anbietet: Die ehemalige Göttin wurde zu käuflicher Ware! Dass dies keine offizielle Anerkennung finden konnte, überrascht nicht in einer Zeit, in der man in den offiziellen Salons an den reichlich vorhandenen semipornographischen Akten im orientalischen Stil seinen Gefallen hatte.

Der Pariser offizielle staatliche Salon wurde 1880 abgeschafft, da es inzwischen mit den Weltausstellungen (seit 1851 wurden auch Kunstwerke präsentiert), mit Galerien und Kunsthandel viele weitere Möglichkeiten gab, an die Öffentlichkeit zu treten. Um Paris als Kunstmetropole zu etablieren, wurde 1855 zum ersten Mal auf einer Weltausstellung ein eigener Pavillon den Bildenden Künsten gewidmet. Die alljährlichen Salons mit den Querelen um Aufnahme und Ablehnung bis hin zum berühmten ›Salon der Abgelehnten‹ (1863) wurden von lebhafter Kritik begleitet. Die schriftlichen Salons – man denke nur an die das Konzept der Moderne lange prägenden Schilderungen von Baudelaire oder an Émile Zolas Kritiken – und die reichhaltige Karikaturkultur schufen eine vielfältige wache Kunstöffentlichkeit.

Entsprechend der damaligen Fortschrittsgläubigkeit wurde in Wirtschaft und Industrie das Neue, das Innovative zum Motor; aber in kulturellen Angelegenheiten war das Bürgertum eher konservativ und pflegte einen akademischen Geschmack, den ›Stil pompier‹; da man meist neureich war, galt es wohl, ›alte‹, vermeintlich gesicherte Werte zu schätzen. Die ersten Galerien wiederum wurden von fortschrittlichen wohlhabenden Geschäftsleuten gegründet, die auch die neuen künstlerischen Impulse (Realismus, Naturalismus, Impressionismus, Neoimpressionismus und einzelne Künstler wie Paul Cézanne oder Édouard Manet) gegen deren allgemeine Ablehnung förderten. Die neuen Künste wurden also ausgestellt und gesammelt, aber nicht in offizielle Sammlungen aufgenommen, und in relativ kurzer Zeit (circa 1860–1880/90) hatte sich das moderne ›Betriebssystem Kunst‹ aus Künstlern, Kritikern, Galeristen, Kunsthändlern, Sammlern und Mäzenen in jenem Paris etabliert, das dank der Weltausstellungen und der Bedeutung als Metropole stets international agiert hatte. Die Rollen von Künstler und Publikum waren neu bestimmt worden. Art und Funktion des Kunstwerks hatten sich gewandelt: Geboren war die ›Kulturtechnik Kunst‹, die einem Individuum erlaubt, in einem autonomen Medium zur Welt Stellung zu beziehen. ›Kunst‹ war nicht mehr nur Ausdruck von Macht und Repräsentationsbedürfnissen bzw. normativen akademischen Vorstellungen.

Die neue Infrastruktur hatte die Möglichkeiten und Strategien der Künstler, eine Karriere zu etablieren, verändert: Nicht mehr auf Aufnahme in eine offizielle staatliche Ausstellung angewiesen, konnten

18   Hannes Malte Mahler, Mont St. Victoire, 2015, Einladung zur Ausstellung 2015 im PCM (© Hannes Malte Mahler) (vgl. Abb. 24, 25, 28)

Hannes Malte Mahlers malerische Praxis bezieht sowohl traditionelle Malmittel wie auch digitale Medien ein oder greift in den Raum ein. 2015 besetzte er das PCM mit Variationen zu dem heiligen Berg der Moderne, die Cézanne gewiss hätten staunen lassen.

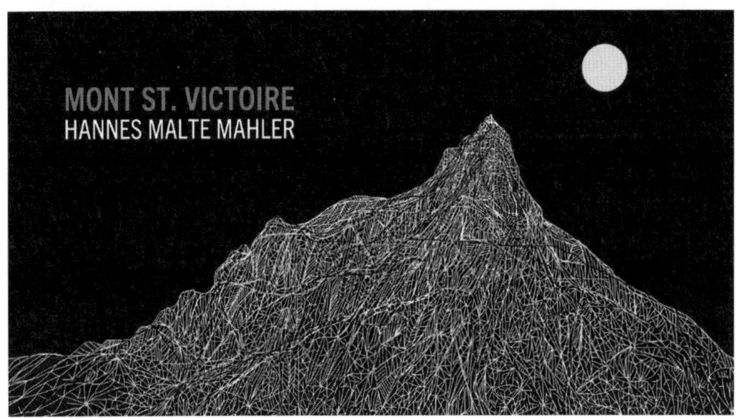

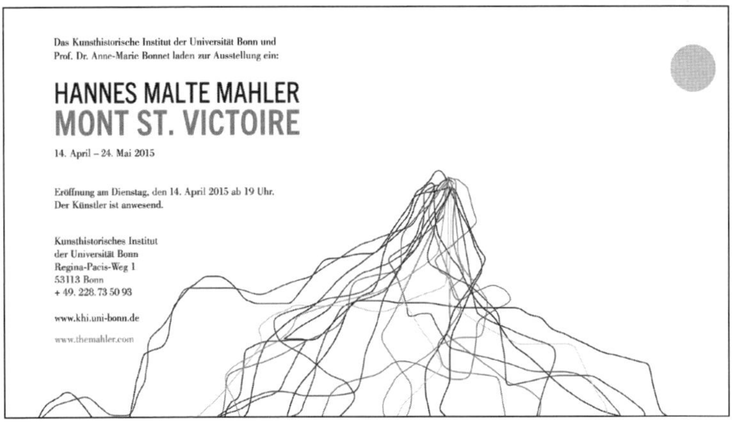

sie in der sich ausdifferenzierenden kulturaffinen Öffentlichkeit Allianzen eingehen und Verbündete (Kritiker, Sammler) finden. So hatte etwa Auguste Rodin, der zeitlebens in Frankreich umstritten war, in den USA und in Deutschland mehr Sammler und Mäzene als in Frankreich! Man kann ihn den privat erfolgreichsten, offiziell aber erfolglosesten Künstler des 19. Jahrhunderts nennen; denn die meisten seiner offiziellen Aufträge scheiterten, wurden kritisiert oder gänzlich abgelehnt. Das hinderte ihn nicht daran, aus diesen Aufträgen ›Nebenprodukte‹ zu entwickeln und zu vertreiben sowie mit Porträts und Kleinplastiken in teils hohen Auflagen eine wirtschaftlich erfolgreiche Selbstständigkeit zu erlangen. Die meisten seiner offiziell unverstanden gebliebenen und zurückgewiesenen Werke begründeten jedoch später seine Bedeutung für die Kunstgeschichte der Moderne – eine Rechtfertigung für jene Skepsis, mit der man sogenanntem offiziellem Erfolg begegnen sollte und ein Beispiel dafür, wie verschieden Karriere und Achtung zu Lebzeiten und in der nachträglichen (kunst-)geschichtlichen Bewertung ausfallen können (Abb. 18).

EXKURS ÜBER ›ERFOLG‹

Zeitgenössischer Erfolg garantiert keineswegs nachhaltigen Ruhm und kunsthistorische Relevanz. Heute als bedeutend angesehene Künstler wie etwa El Greco oder Rembrandt waren jahrhundertelang vergessen. Vor Eröffnung des Pariser Musée d'Orsay waren die meisten erfolgreichen Künstler des französischen 19. Jahrhunderts als ›Pompiers‹, als kitschig verschrien, und größtenteils vergessen, schenkte man seine Aufmerksamkeit doch nur der sogenannten historischen Moderne: Cézanne, Manet, den Impressionisten und Postimpressionisten. Heute bietet das Musée d'Orsay ein vollständiges Bild der Bildenden Künste des 19. Jahrhunderts, indem sowohl die damals offizielle Kunst als auch die zeitgleich aktiven Dissidenten und Erneuerer inszeniert sind. Allerdings waren damals die vorübergehend vergessenen ›Pompiers‹ viel erfolgreicher als die inzwischen dank kunsthistorischer retrospektiver Bedeutungszuweisung als ›moderner‹ hoch verehrten Künstler. Die meisten heute so beliebten Innovationen wurden im 19. Jahrhundert verlacht; die Bezeichnungen ›Impressionismus‹, ›Fauvismus‹ und ›Kubismus‹ dienten zunächst der Verspottung; zu diesen einseitigen Betrachtungen trug auch die Kunstgeschichte bei. Erfolg bürgt also nicht für nachhaltige Bedeutung, sondern hat eine zu dokumentierende Geschichte. Lange war das ersehnte Ziel der Kunst, in den ultimativen Hort der Geschichte, das Museum, aufgenommen zu werden. Wann aber ist ein Kunstwerk es wert, aufgenommen zu werden?

MUSEUMSFÄHIGKEIT

Mit der Moderne waren also neue Öffentlichkeiten und Ausstellungsmöglichkeiten für die Kunst entstanden. Dennoch erhob sich immer wieder die Frage, ab wann die neuen Werke in die ehrwürdigen Hallen des ›wahren‹ Museums – damals der Louvre – aufgenommen werden sollten. Die Revolution hatte zwar den Louvre für das Volk eröffnet, der die Schätze der Vergangenheit hortete, wie er sich aber zukünftig entwickeln sollte, wurde noch nicht bedacht. Der Status der von den Herrschenden eingerichteten ersten Museen für zeitgenössische Kunst (1818 Paris, 1853 München) war zunächst prekär: Ab und bis wann dauert Gegenwart? Das erste Museum für ›lebende Künstler‹ wurde 1818 in der ausgebauten Orangerie des Palais du Luxembourg als sogenanntes Musée de Passage (Übergangsmuseum) eingerichtet. Falls es ein Künstler »zu großem Ansehen gebracht haben« sollte, würde zehn Jahre nach seinem Tod eine Auswahl seiner Werke in den Louvre überführt werden. Erst 1896 kamen Impressionisten in diese Hochburg offizieller Malerei, und zwar durch die erzwungene Schenkung von Gustave Caillebotte. Der früh, im Jahr 1894, an einem Gehirnschlag verstorbene Caillebotte war nicht nur ein impressionistischer und realistischer Maler sondern auch ein sehr wohlhabender Mäzen von Kollegen, vor allem Claude Monet unterstützte er jahrelang. Seine bemerkenswerte Sammlung an Werken von Cézanne und Impressionisten vermachte er dem Staat, der sie eher halbherzig an- und erst ab 1929 allmählich in die Sammlungen des Louvre aufnahm; heute bildet sie den Grundstock des Musée d'Orsay.

Paris war ab der ersten Hälfte des 19. Jahrhunderts zwar die Metropole der Moderne, aber die offiziellen Museen taten sich mit den neuen Künsten sehr schwer. Während der Louvre als ›Pantheon‹ fungierte, wurde das ›Musée de Passage‹ als ›Purgatorium‹ bezeichnet. Zunächst bestückte man es mit Ankäufen des Königs aus den jährlich stattfindenden akademischen Salonausstellungen. Dem Zeitgeschmack entsprechend war die Sammlung konventionell und bestand vornehmlich aus Historienbildern, Porträts und klassischen Landschaften. Bis 1880 war es für neuere Kunst völlig unzugänglich, und auch danach fand die Kunst der Moderne nur zögerlich Aufnahme. Erst Schenkungen und einige fortschrittliche Beamte sorgten dafür, dass allmählich neuere Werke in staatliche Sammlungen kamen. Ab der zweiten Hälfte des 19. Jahrhunderts wuchs der Einfluss der Kunstkritik und mancher Kunsthändler, und das traditionelle System der Salons wurde von Galerien und Kunstmarkt in Frage gestellt. Nach dem Tod Manets 1883 gelang es dank einer von Monet und einigen Subskribenten initiierten Kampagne 1890, dessen »Olympia« ins Musée du Luxembourg aufnehmen zu lassen. 1906 gerieten durch Schenkung einige Gemälde von Monet sogar noch zu dessen Lebzeiten in den Louvre. 1937 trat das Musée d'Art Moderne die Nachfolge des Musée du Luxembourg an und wurde im sogenannten Palais de Tokyo untergebracht, das zur Weltausstellung erbaut worden war. 1947 wurden die Impressionisten aus dem Louvre wieder ausgegliedert und im sogenannten Jeu de Paume beherbergt. Nach welchen Kriterien eine Aufnahme in die Sammlungen erfolgt, hängt also vom Geschmack eines Machthabers bzw. führenden Konservatoren eines Museums ab; selten werden sie offen gelegt oder gar begründet.

In Deutschland hatte König Ludwig I. von Bayern mit der Neuen Pinakothek ab 1853 der aktuellen Kunst längst eine eigene Stätte geweiht, als es 1977 in Frankreich zu einem Haus für moderne Kunst kam. Zuvor hatte es zwar staatliche und kommunale Sammlungen moderner Kunst gegeben, die aber alle in bereits vorhandenen Gebäuden untergebracht worden waren. Erst 1982 wurde mit der Eröffnung des Musée d'Orsay der Kunst des 19. Jahrhunderts ein eigenes Haus zugesprochen, in dem gemäß ihrer damaligen Zeitgenossenschaft die offizielle akademische Kunst zusammen mit den ›modernen‹ Avantgarden der Zeit präsentiert wurden. In Deutschland dagegen entfachten im ausgehenden 19. Jahrhundert und besonders in den 1920er und 1930er Jahren zur Zeit der Weimarer Republik heftige Diskussionen darüber, wie sich die Museen zur Kunst von Moderne und Gegenwart verhalten sollten. Aber auch hier waren es Fördervereine, Mäzene und Künstler, die in Kooperation mit fortschrittlichen Museumsdirektoren über Schenkungen die meist akademischen staatlichen bzw. königlichen Sammlungen bereicherten und aktualisierten.

DER DEUTSCHE SONDERWEG IN DIE MODERNE

Wenngleich moderne Kunst stets international ist, gibt es doch nationale Eigenarten, die das Gesamtgeschehen prägen. Die historisch gewachsene kleinstaatliche Struktur Deutschlands führte zur häufig beschworenen ›verspäteten Nation‹, aus der Perspektive von Kunst und Kultur ein Glücksfall! So gab es mehrere Zentren mit konkurrierenden Herrscherhäusern, die im Bemühen, Rivalen auszuboten, die Kunst förderten. Die Hohenzollern in Berlin und die Wittelsbacher in München übertrafen einander mit der Errichtung von Museen und dem Aufbau von Sammlungen. In den Hansestädten wiederum sorgten kulturbeflissene Patrizier für die Gründung von Kunstvereinen, Museen für Angewandte Kunst und Kunsthallen. Auch in den rheinischen Metropolen Düsseldorf und Köln sorgten erste Museen und Kunstakademien für eine aktive Kunstszene besonders nach den beiden Weltkriegen. Keine andere Nation verfügt über mehr Institutionen, die sich der Pflege von Kunst und Kultur widmen, als Deutschland. Noch bemerkenswerter: Gerade in den 1920er und 1930er Jahren arbeitete eine ganze Riege fortschrittlicher Museumsdirektoren in Berlin, Hannover, München und Hamburg daran, moderne und zeitgenössische Kunst in die Sammlungen ihrer Museen aufzunehmen, überzeugt davon, mittels der Kunst die Gesellschaft reformieren zu können. Obwohl der Expressionismus, einer der ersten genuin deutschen Beiträge zur Moderne, äußerst umstritten war, wurde er doch allmählich in die bestehenden Sammlungen integriert. Um die Aufnahme expressionistischer Werke bzw. wie in Hannover konstruktivistischer Arbeiten fanden in den Medien heftige Kontroversen zwischen Künstlern, Kritikern, Sammlern und Museumsdirektoren statt. Wenn moderne und zeitgenössische Kunst in die öffentlichen Sammlungen kam, handelt es sich meist um

Schenkungen oder Leihgaben von Mäzenen bzw. Förderern der Museen, da weder der Kaiser in Berlin noch der König in Bayern über einen besonders progressiven Kunstgeschmack verfügten; den Direktoren gelang jedoch ein Balanceakt zwischen offiziell genehmen und fortschrittlichen Positionen. Eine zu avancierte Positionierung konnte allerdings auch das Ende einer Karriere bedeuten, wie es in Weimar Harry Graf Kessler widerfuhr, als er 1906, damals Leiter des Großherzoglichen Museums, im Rahmen einer Rodin-Ausstellung auch Schenkungen von Auguste Rodin an Kaiser Wilhelm annahm und in die Sammlungen integrieren wollte. Lokale Künstler hatten sich über Rodins Aktzeichnungen empört und Kessler vorgeworfen, nur die ausländische Moderne zu fördern. In der Tat hatte er zuvor Monet, Manet, Cézanne und Renoir gezeigt. Der Kaiser ließ sich von der provinziellen Kritik überzeugen und entließ Kessler fristlos.

Dies verweist im Übrigen auf ein fundamentales Problem im deutsch-französischen Verhältnis; denn lange Zeit hatte neue Kunst bzw. Moderne Import aus Frankreich bedeutet: 1870 der Impressionismus und Anfang des 20. Jahrhunderts Kubismus und Fauvismus. Unglücklicherweise fielen diese Daten mit politischen Konflikten zwischen den beiden Nationen zusammen, die im Krieg 1870/71 und im Ersten Weltkrieg mündeten. Die Moderne war nicht nur mitunter fremd, sondern stammte vom Erzfeind, von den Traumata der napoleonischen Besatzung zuvor gar nicht zu sprechen. Dennoch setzten sich beträchtliche Teile des deutschen Bildungsbürgertums sowie prägnante Intellektuelle und Kritiker für die Propagierung der französischen Moderne in Deutschland ein. Deutsche Museen erwarben früher als die französischen wichtige Meisterwerke der französischen Moderne, etwa Manets »Erschießung Kaiser Maximilians von Mexiko« von 1868, das sich seit Anfang des 20. Jahrhunderts in der Mannheimer Kunsthalle befindet. Auch maßgebliche international aktive deutsche Galeristen wie Paul Cassirer, Daniel-Henry Kahnweiler und Herward Walden propagierten die französische Moderne. Ab 1905 trat Deutschland dann mit dem Expressionismus, später mit dem Bauhaus (1919), der Neuen Sachlichkeit (1925) und dem Neuen Sehen (ab 1925) mit eigenen Positionen der Moderne bei.

Sehr früh unternahmen es zwei deutsche Großausstellungen der Moderne und Gegenwart, das aktuelle Geschehen gleichsam in die Kunstgeschichte einzuschreiben: 1906 die »Jahrhundertausstellung

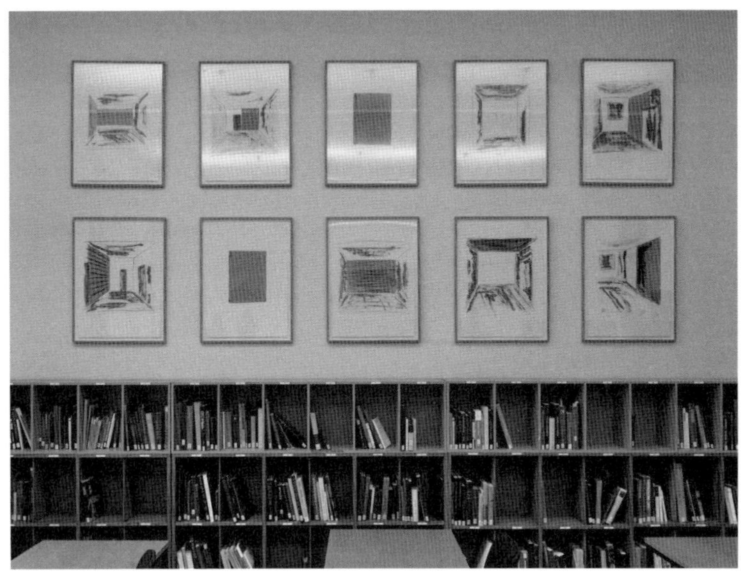

19   Günther Förg, Das Auge hört, Mappe, Lithographie, je 80 × 60 cm, courtesy
Edition X, München (© Jean-Luc Ikelle-Matiba / © Estate Günther Förg, Suisse /
VG Bild-Kunst, Bonn 2017)

Mit der Mappe »Das Auge hört« realisierte Günther Förg seine ersten Lithographien.
Die zehn Blätter sind ein malerisches Tagebuch über die Wandarbeiten, die er 1977–
1985 ausgeführt hatte. Im Rahmen der Ausstellung »start review«, in der die Museen
in Köln und Bonn 2014 Frühwerke mittlerweile arrivierter Künstler*innen parallel zur
Biennale New Talents zeigten, konnte das PCM diese lithographischen Arbeiten Förgs
präsentieren.

deutscher Kunst 1775–1875« in der Berliner Nationalgalerie und
1912 die »Sonderbund-Ausstellung« in Köln. In Paris gab es zwar
Salons und große Ausstellungen, aber nie wurde versucht, ein Narrativ zu entwickeln, das die neueste Kunst als Erbin der vorangegangenen Entwicklung zu etablieren versucht hätte. In Deutschland wurde
dies, wie erwähnt, von einer vielseitigen und umfänglichen Publizistik begleitet; frühe Kunstgeschichten der Moderne, Magazine und
Graphikeditionen verführten dazu, die Kunst zu sammeln und zu
fördern. Umso tragischer ist es, dass gerade von dem Land, das sich
am meisten der Moderne und ihrer Förderung auf breiter Basis verschrieben hatte, der Versuch ausging, alle jene Impulse zu vernichten.

Wie sehr dieses Trauma den Neubeginn nach 1945 belastete, wurde bereits angesprochen. Die sogenannte Stunde Null kann als ein

Versuch des Neuanfangs gewertet werden. Noch nicht verebbt ist die Diskussion darüber, ob nach 1945 die Moderne restauriert, weitergeführt, neu erfunden oder rekonstruiert wurde. Bis heute wirken das Vertreiben und Auslöschen einer ganzen Generation von Künstlern, die Verschiebungen des Kunstzentrums erst nach Frankreich, dann in die USA, die ideologische Belastung der ›Abstraktion‹ (Abb. 19) etc. nach, gar nicht zu sprechen von den späten Auswirkungen der Plünderungen jüdischer Sammlungen.

Übrigens war die erste große Ausstellung zeitgenössischer europäischer Kunst in den USA, die berühmt-berüchtigte »Armory Show« in New York 1913, in ihren fortschrittlichen Teilen von der Kölner »Sonderbund-Ausstellung« 1912 inspiriert; sie sollte den weiteren Verlauf der Moderne in den USA maßgeblich beeinflussen.

DIE ROLLE DER AUSSTELLUNGEN

Das Kunstgeschehen ist auf allen Ebenen, jener der Produzent*innen, der Rezipient*innen, der Distribution und der Vermittlung, komplex, da zahlreiche Aspekte, Faktoren, Akteur*innen und Agent*innen involviert sind. Die Kunstgeschichte befasst sich für gewöhnlich mit den Werken selbst, ihrer Genese und Entwicklung, selten aber mit deren realem Wirkungspotenzial und der Rolle der Orte, wenngleich es auch rezeptionsorientierte Zugriffe gibt. Mit der Bedeutung von Ausstellungen befasst sie sich erst in jüngerer Zeit, obwohl bereits 1988 die Berliner Schau »Stationen der Moderne. Die bedeutenden Kunstausstellungen des 20. Jahrhunderts in Deutschland« auf diesen wichtigen Punkt die Aufmerksamkeit gelenkt hat. Welche Ausstellung aus welchen Gründen epochemachend wird bzw. als epochemachend erkannt wird, lässt sich leider nur post festum und nicht systematisch eruieren. Ausstellungen, die zunächst nicht verstanden, wenig besucht und heftig kritisiert wurden, etwa die documenta 5 von 1972, entpuppen sich zuweilen später als wichtige Indikatoren für neue Kunstvorstellungen, während zunächst erfolgreiche und gut besuchte Ausstellungen später ohne Nachhall bleiben können. Bereits 1925 hatte zum Beispiel Gustav Hartlaub, damals Direktor der 1907 eröffneten Kunsthalle Mannheim, mit seiner Ausstellung »Die Neue Sachlichkeit« eine Präsentation neuester Kunst nach dem Ex-

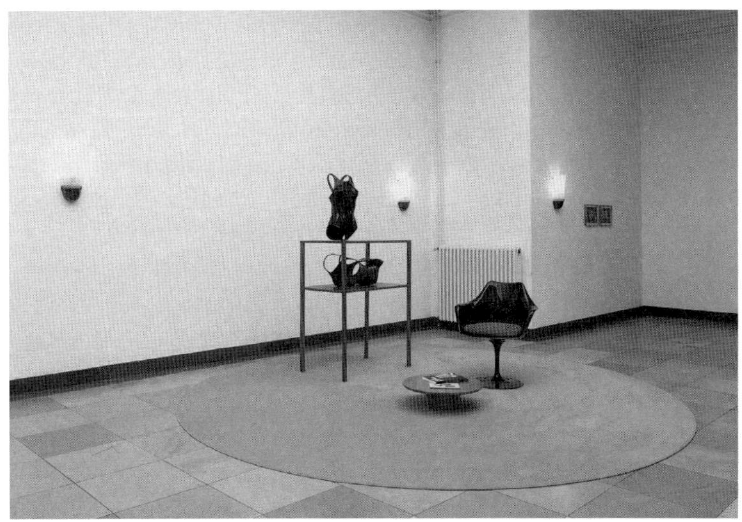

20   Matthias Wollgast, Lobbystück für ein Museum, 180 × 400 cm, Ausstellung
»The Age of Neptune« 2016 im PCM (© Matthias Wollgast / © VG Bild-Kunst, Bonn
2017) (vgl. auch Abb. 14, 26)

pressionismus entworfen, die wenig Anklang fand, sich jedoch später als stilbegriffsprägend erweisen sollte. Auch die 1912 verschriene »Sonderbund-Ausstellung« zeigte sich, wie erwähnt, als bahnbrechend und wurde sogar 2012 in Kölner Wallraf-Richartz-Museum unter dem Motto »1912 – Mission Moderne: Die Jahrhundertschau des Sonderbundes« rekonstruiert.

Art, Umfang und Frequenz von Kunstausstellungen (Abb. 20) sowie die Verfasstheit der gesamten Kunstwelt haben sich in den letzten Dekaden stark gewandelt. Große thematische Schauen, wie sie in den 1980er und 1990er Jahren gewagt wurden, finden kaum noch statt. Die Zahl der Biennalen hat sich allerdings multipliziert, und immer mehr spektakuläre Kunstmessen haben die Art und Qualität des Ausstellens wie des Wahrnehmens zeitgenössischer Kunst verändert. Neben dem bereits geschilderten Zuwachs an Museen der Moderne und der zunehmenden Präsenz moderner und zeitgenössischer Kunst in den Medien hat sich die politische und kulturelle Verfasstheit im ausgehenden 20. und beginnenden 21. Jahrhundert fundamental gewandelt. Zum einen gerät das eurozentrische Denken in die Kritik; Globalisierung und postkolonialer Bewusstseinswandel relativieren bisherige Vorstellungen von Moderne. Zum anderen verändert das Diktat der Ökonomie und die zunehmende Macht des neo-liberalen Kapitalismus auch die ›Spielregeln‹ der Kunstwelt; von der Digitalisierung der Bild- und Informationswelt gar nicht zu sprechen. Das Primat wirtschaftlicher Interessen über kulturelle, soziale und politische Belange hatte sich schon in den 1980er Jahren angedeutet (vgl. S. 57ff.), wurde aber in der Kulturwelt zunächst wenig reflektiert, war man doch noch sehr mit der Bestimmung von ›Zeitgeist‹, ›Postmoderne‹, ›virtueller Wirklichkeit‹, ›Dekonstruktion‹, ›Simulacrum‹ und ›Neuen Medien‹ befasst.

POSTMODERNE? ZWEITE MODERNE? FINANZMODERNE?

In den 1980er Jahren sprach man entweder von der Postmoderne, in der man sich aus dem Fundus der (Kunst-)Geschichte habe bedienen können und nurmehr recyceln, appropriieren, sampeln, paraphrasieren und variieren müssen oder man deklarierte das ›Ende von Kunst und Geschichte‹; damit war, wie schon betont, jedoch einzig das Ende der bisherigen Formen, dies zu betreiben, gemeint, und es galt nun, das Spektrum zu erweitern. Im Bewusstsein, dass jede Erzählung Konstruktion sei, wuchs die Skepsis, noch Geschichte betreiben zu können. Man glaubte nicht mehr an die große Erzählung, sondern verschrieb sich dem Kult der Erinnerung, also dem Archivieren und der Pflege der Memoria nebst ihrer Orte. Die Skepsis wurde dadurch verstärkt, dass einerseits postkoloniale Kritik die bisher waltende Selbstherrlichkeit westlicher Denkmodelle zunehmend in Frage stellte und man sich andererseits wachsenden, schwer kontrollier- und nachvollziehbaren Mächten des global agierenden Kapitals bewusst wurde, zudem veränderte das sich ausbreitende Internet die Informations- und Kommunikationsmöglichkeiten. Der ursprüngliche Glaube an dessen demokratische Macht wich rasch der Ernüchterung, da es ebenfalls schwer kontrollier- und regulierbare Kräfte freisetzte; in der Kunstwelt war Informationsvorsprung ja stets ein wichtiges, auch symbolisches Kapital gewesen.

War früher von den ›Strukturen‹ der Kunstwelt die Rede, erscheint heute das Konzept von ›Netzwerken‹ eher geeignet (vgl. Abb. 3), um das komplexe Gewebe gegenseitiger Einflüsse und Abhängigkeiten zwischen den Akteur*innen und Faktoren der Kunstwelt zu beschreiben. Da Netzwerke oft weit komplexer und weniger systematisch erfassbar sind, überrascht es nicht, dass etwa zur selben Zeit, in den 1980er Jahren, auch das Konzept der ›Schwarmintelligenz‹ aufkam. Wie in der sogenannten Renaissance (vgl. S. 40ff.) oder zu Beginn der Moderne Kunst jeweils von der nächsten aufstrebenden Klasse gefördert wurde, so apostrophierte man den Londoner Werbemogul Charles Saatchi schon als ›neuen Medici‹ bzw. sprach gar von einer ›Refeudalisierung‹ der Kunst.

Bereits erwähnt wurde, dass die Künstler sich immer wieder frei zu bewegen versuchten (Avantgarden der 1910er und 1920er sowie sogenannte Neo-Avantgarden der 1960er und 1970er Jahre) und mit ihrer Kunst der Gesellschaft den Spiegel vorhielten. Besonders nach dem Zweiten Weltkrieg und bis in die 1970er Jahre hinein schrieb man Kunst und Kultur emanzipatorisches Potenzial zu und sah in Museen Orte der Bildung für die Allgemeinheit. In den 1980er Jahren, während des wirtschaftlichen Booms der Ära Kohl-Reagan-Thatcher, eroberte jedoch das Ökonomische allmählich die Dominanz gegenüber dem Sozialen und Kulturellen, ein Prozess, der sich durch die Globalisierung um die Jahrhundertwende noch verstärkte.

Schon in den 1980er Jahren hatten vor allem zwei Aspekte die Lage der zeitgenössischen Künste charakterisiert: ›Entgrenzungsphänomene‹, die sich einer synthetischen Darstellung widersetzten, und die Tatsache, dass die Versprechen der Avantgarden längst von den ›Mechanismen der Vermarktung‹ eingeholt und pervertiert worden waren. Jeff Koons, der als ehemaliger Broker die Regeln des Marktes gut kannte, führte die Kunstwelt mit seinen ironisch-zynischen Verballhornungen ad absurdum; nach ihm perfektionierten die Künstler Takashi Murakami und Damien Hirst die Beherrschung der Spielregeln des Kunstmarktes sogar noch. Der Aufstieg Londons zur Kunstmetropole seit circa dem Jahr 2000 zeigt, wie viel eine konzertierte Kultur- und Finanzpolitik zur Steigerung der Attraktivität eines Wirtschaftsstandorts im Bereich moderner und zeitgenössischer Kunst zu bewirken vermag: Die sogenannten Young British Artists (YBA), eine Gruppe zuvor unbekannter junger britischer Künstler*innen, konnten dank der Förderung durch einen potenten Financier und durch geschickt inszenierte Skandale, darunter die Ausstellung »Sensation« 1997, in wenigen Jahren eine neue Kunstrichtung etablieren.

So ließen sie England wieder präsent werden, das seit den 1950er Jahren und seit der Independent Group, die maßgeblich zum Entstehen der Pop Art beigetragen hatte, von der Landkarte von Moderne und Gegenwart verschwunden war. Im Jahre 2000 wurde gleichsam ex nihilo die Tate Britain um die Tate Modern erweitert, die neue Kunstmesse Frieze mit entsprechender Zeitschrift gegründet, die dank massiven Kapitaleinsatzes in kurzer Zeit etablierten Traditionsmessen bzw. Medien den Rang abliefen. Das bereits als Metropole des globalen Finanzmarktes bekannte London hatte sich auf diese Weise zu einem neuen Kunstzentrum der Moderne und Gegenwart entwickelt.

Die Avantgarden hatten gerade in der frühen Moderne die Illusion gehegt, die Kunst, die ursprünglich stets auf Engste mit der Macht verbunden gewesen war, könnte ein Medium für das sich emanzipierende Individuum sein und zur Aufklärung der Allgemeinheit dienen. In den 1970er Jahren wurde sie zudem zuweilen als Erkenntnismedium verstanden und gefördert, bevor sie weitgehend in die Kultur des Spektakels eingegliedert wurde. Doch wurde auch dann noch immer darüber debattiert, was Sinn und Funktion von Kunst seien; man denke nur an Joseph Beuys' Konzepte des ›erweiterten Kunstbegriffs‹ und der ›sozialen Plastik‹, die in einer breiteren Öffentlichkeit heftig diskutiert wurden. Nachdem diese Diskurse inzwischen nahezu verstummt sind, beherrschen seit den sogenannten Nullerjahren Debatten über den Wert der wa(h)ren Kunst das Feld, wird von Kunst als Asset, von Bluechips bzw. ›gehypten‹ Künstler*innen gesprochen, in einem der Finanzwelt entstammenden Vokabular also. Wenn sich heute Sammler*innen für eine/n neue/n Künstler/in interessieren, fragen sie weniger nach dem Anliegen des Werkes oder danach, wodurch es sie anspricht oder anregt, sondern schlicht: »Was wird es wohl in zwei Jahren wert sein?«

KUNST MACHT MARKT II: MACHT DER MARKT KUNST?

In der Welt der Kunst gab es immer Hierarchien und Mechanismen von Inklusion und Exklusion, doch gab man sich besonders seit der Moderne und ihrem Geniekult lange der Illusion hin, im Zentrum der Kunstwelt stünden die Künstler. Seit dem 19. Jahrhundert erhoben jene Akteure, die den Zugang zu öffentlichen Ausstellungen und

Sammlungen gewährten, zusammen mit der zunehmenden öffentlichen Kunstkritik ein Mitspracherecht. Ab Mitte dieses Jahrhunderts entstanden mehr und mehr Kunstgalerien, und die öffentlichen Salons bekamen durch den Kunsthandel Konkurrenz. Bereits Monet konnte sagen: »Erfolg misst sich am Preis in der Galerie.« Bekannt ist, dass er die Preise für seine Kathedralen-Bilder durchaus in die Höhe zu treiben wusste. Während Walter Benjamin den kulturellen Wandel vom Kult- zum Ausstellungswert analysierte, erleben wir heute die Transformation vom Ausstellungs- zum Marktwert. Zu Recht spricht Stephan Berg von einem *economic turn* in der Kunstwelt. 1944 stellte Adorno in seiner Analyse der Kulturindustrie im Spätkapitalismus fest, unter den Bedingungen der Massenkultur und des Spätkapitalismus stehe die »Verwandlung aller geistigen Gehalte in Konsumgüter« an.

Seit 2002 veröffentlicht das britische Magazin »Art Review« jeden November die Rangliste »Power 100«, die sich der Machtverteilung im Kunstbetrieb widmet. Diese Liste macht deutlich, dass über die Karriere einer Künstlerin oder eines Künstlers bzw. den Werdegang eines Werkes, insbesondere der sogenannten Bluechips des internationalen Kunstgeschehens, Sammler*innen, Galerist*innen und Kurator*innen entscheiden. Wenn sie von der Bedeutung eines Werkes raunen, sprechen sie jedoch nie von Preisen, sondern modulieren die Nachfrage durch Ausstellungsbeteiligungen und Kontrolle des Preisspiegels; bekanntlich wird der Markt ja durch Angebot und Nachfrage gesteuert. Das risikolose *closed-circuit*-System festigt sich auf den großen Messen und Auktionen selbst.

WER BESTIMMT AUF WELCHE WEISE DEN WERT EINES WERKES? DIE 1970ER RETROPERSPEKTIV

In den 1970er Jahren hatte der Wirtschaftsjournalist Willi Bongard den sogenannten Kunstkompass erfunden, ein jährlich ermitteltes Ranking, auch ›Ruhmesbarometer‹ genannt, und bis 2007 jedes Jahr rechtzeitig zur Art Cologne in der Zeitschrift »Capital« veröffentlicht. Da man die Qualität von Kunst ja nicht messen könne, deren Resonanz in der Kunstwelt aber wohl, setzte Bongard die Zahl der Ausstellungen und positiven Besprechungen in renommierten

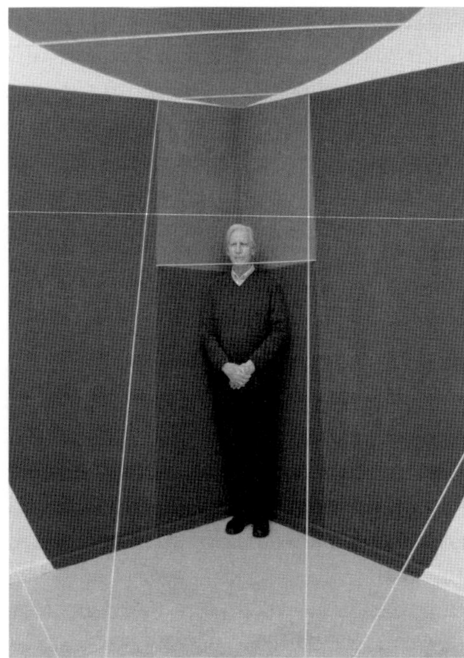

21 Brian O'Doherty, Bird (für Charlie Parker), Rope Drawing #117, Galerie Thomas Fischer, Berlin, 2012 (© Boris Hars-Tschachotin) (vgl. auch Abb. 22)

Brian O'Doherty, vornehmlich als Theoretiker und Autor des Buches »Inside the White Cube« bekannt, ist stets parallel als Bildender Künstler tätig – bis 2008 unter dem Namen Patrick Ireland. Um diese Seite des Polyhistors O'Doherty zu zeigen, sei er hier mit einer raumgreifenden Wandarbeit in Berlin dokumentiert. 2018 wird er mit seinem zeichnerischen Werk in einer Ausstellung im PCM vertreten sein.

Kunstmagazinen als Kriterien fest; dabei wurden etwa internationale Ausstellungen in wichtigen Institutionen höher bewertet als regionale. Besondere ›Ruhmespunkte‹ brachten Ankäufe durch bekannte Museen ein. Intellektueller Anspruch oder ästhetische Kriterien spielten hingegen keine Rolle. Die Ranglisten zeigten die 100 ›bedeutendsten‹ Künstler*innen und zum Beispiel die ›Aufsteiger*innen des Jahres‹ mit ihren ›Rangsprüngen‹. Dass dort zunächst vornehmlich männliche Kunstschaffende vorkamen, überrascht nicht; in den letzten Jahren vermochten indes auch einige wenige weibliche Künstlerinnen (Louise Bourgeois, Rosemarie Trockel, Cindy Sherman) auf ›vorderen Plätzen‹ Einzug zu halten. Diese Tabellen haben hohen diagnostischen Wert, lässt sich an ihnen doch erkennen, wie unter anderem allmählich weibliche Positionen gewürdigt wurden. Die Kriterien Bongards sind sachlich und nachvollziehbar, und seine Ergebnisse beschreiben den Status quo, erklären ihn aber nicht. Sie spiegeln den Zeitgeist und den Geschmack jener Eliten, die das Kunstgeschehen prägen. Nicht zufällig war es ein Wirtschaftsjournalist, der die Wertfrage aufwarf, und das Organ der Veröffentlichung die Wirtschaftszeitschrift »Capital« – paradoxerweise zu einer Zeit, in der die Bildenden Künste der Moderne vorwiegend als intellektuell, konzeptuell und institutionskritisch bezeichnet werden können (Minimal Art, Concept Art, Body Art). Damals befragten die Künstler*innen den eigenen Status, den Ort ihres Wirkens (Atelier, Galerie) und überlegten sich Strategien, wie sie sich der Vermarktung und dem Konsum entziehen könnten (Land Art, Concept Art). Brian O'Doherty veröffentlichte 1976 unter dem Titel »Inside the White Cube: The Ideology of the Gallery Space« einen Text zur ›weißen Zelle‹ (Abb. 21) und reflektierte über die Frage, welcher Ort für die Kunst der Moderne und Gegenwart adäquat sei. Das Museum galt zu diesem Zeitpunkt noch als Ort von Geschichte und Tradition, als ›Antipode‹ im künstlerischen Feld. Die nun freie, also funktions- und ortlose Kunst befand sich auf der Suche nach ihrem Ort, der zunächst die Ausstellung und anschließend, wenn möglich, das Museum war.

Das erste von Künstlern selbst konzipierte Gebäude für die Kunst der Moderne ist bekanntlich Joseph Maria Olbrichs Neue Sezession in Wien (1897/98), ein erster ›Tempel der Ästhetik‹, gleichsam ein White Cube. Dort sollte die Kunst in angemessenen Räumen, ungestört von den Widrigkeiten des Alltags, wahrgenommen werden können. Da es jedoch nur ein Ausstellungsgebäude war, blieb unklar, was der optimale finale Aufbewahrungsort für die Werke sei. Immerhin war zum ersten Mal ein spezifischer Raum mit einer Aura von Reinheit und Neutralität entstanden, in dem man der Kunst vermeintlich jenseits historischer und wirtschaftlicher Bedingtheiten begegnen sollte. In diesem gleichsam extraterritorialen Ort kann man auch ein Symptom für die fundamentale Unbehaustheit und Funktionslosigkeit moderner autonomer Kunst sehen. So überrascht nicht, dass das Nachdenken über den eigenen Status und die eigene Rolle immer wieder Thema in der Moderne wurde und die Avantgarden Manifeste und Programme entwarfen, um sich der eigenen Bedeutsamkeit zu versichern. Nietzsche hatte zwar, nachdem er den Tod Gottes erklärt hatte, im Künstler den geistigen Führer der nun entzauberten Menschheit gesehen; aber dieser Mission nahmen sich nur die wenigsten an.

›WEISSE ZELLE‹ UND ›GRAUE ZONE‹

Dass die Reinheit dieser künstlerischen Zelle eine Illusion war, ist inzwischen bekannt; im Nachwort zur deutschen Übersetzung und Neuausgabe seines Buches 1986 macht Brian O'Doherty (Abb. 22) selbst darauf aufmerksam, dass sich die ›weiße Zelle‹ den Verflechtungen des waltenden sozioökonomischen Systems nicht entziehen könne. Deren Mauern nennt er ›Membranen‹, da sie das Innere nicht von dem abschotten, was sich um diesen ›Schutzort‹ des Ausstellens herum ereignet. Das dichte Gewebe aus finanziellen, soziokulturellen und persönlichen Interessen, das sich nicht nur um den Galerieraum sondern sogar in ihm als eine der ersten Schnittstellen eines Werkes zur Öffentlichkeit befindet, möchte ich in Anspielung auf ›graue Eminenz‹ als ›graue Zone‹ bezeichnen; man könnte weitergehend auch von ›Sumpf‹, von ›Morast der Kapitalisierung, Manipulation oder

22   Brian O'Doherty, Open Cube, 2015, Farbstift auf Papier, 58,4 × 73,7 cm (© Galerie Gisela Clement) (vgl. auch Abb. 21)

Das Thema des Raumes (als *cube*) verhandelt Brian O'Doherty nicht nur theoretisch sondern auch zeichnerisch, sowohl die Grenzen zwischen Raum und Fläche wie jene zwischen Offenheit und Geschlossenheit auslotend.

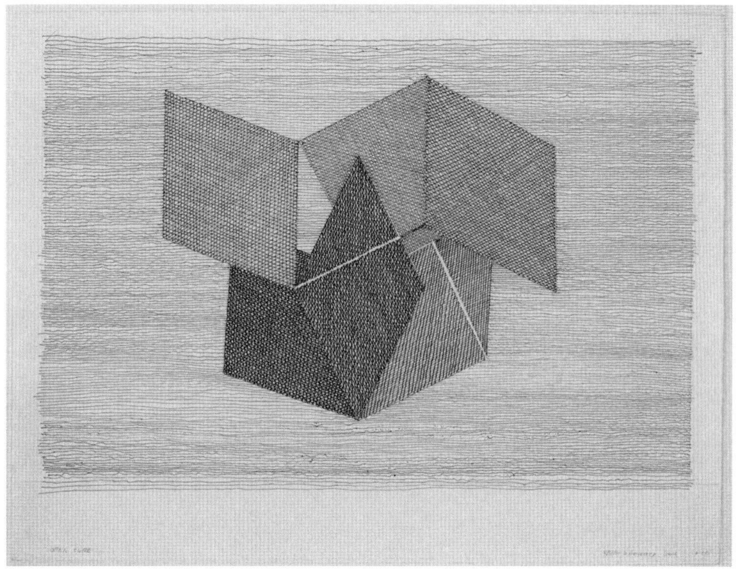

Korruption‹ sprechen. Doch statt Beschwörungen, Beschimpfungen und Verteufelungen steht eine ernsthafte Aufklärung zur Disposition.

Der Weg vom Atelier über die temporäre Öffentlichkeit einer Ausstellung bis ins Museum als Ort des Angekommen-Seins in der Geschichte ist jedoch nicht etwa systematisch planbar. O'Dohertys Text zum White Cube war ursprünglich der zweite Teil eines Essays, dessen erster dem Atelier gewidmet war, aber erst viel später publiziert wurde. In den 1960er und 1970er Jahren wurde den Künstler*innen bewusst, dass sie die Kontrolle über ihre Werke verloren, sobald diese ihre Ateliers verlassen würden, und sie begannen vermehrt über ihre eigene Rolle und jene des Ateliers nachzudenken. Neben O'Doherty schufen auch Bruce Nauman und Daniel Buren Werke bzw. Texte, in denen entsprechende Befindlichkeiten reflektiert werden. Ab wann ist ein Werk Kunst (Abb. 23)? Bereits im Atelier oder erst in der Galerie, in der Ausstellung? Wie stark beeinflusst der Ort

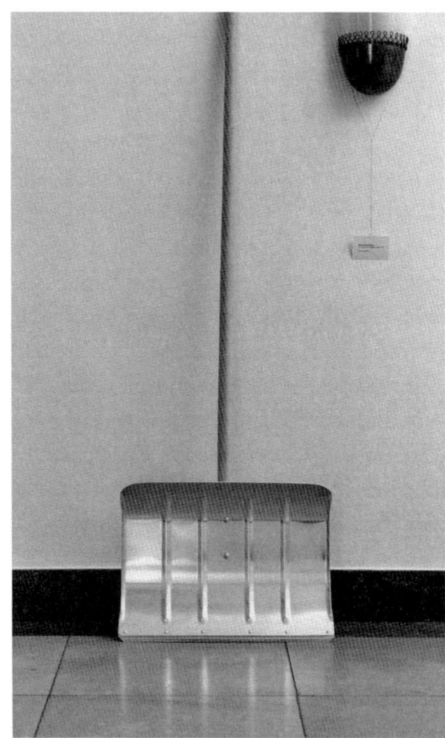

23 Lehr-Remade von Marcel Duchamps »In Advance of the Broken Arm« (1964), Lehrsammlungen des PCM (© Jean-Luc Ikelle-Matiba) (vgl. auch Abb. 4, 10)

Neben der Lehrgipssammlung, die die ältere Tradition vertritt, machen die Lehr-Remades der Moderne deutlich, dass diese ebenfalls über eine Geschichte und epochale Werke verfügt und Bestandteil der Kunstgeschichte ist.

der Wahrnehmung die Bedeutung eines Werkes? In den 1960er Jahren kamen Initiativen auf, sich vom Galeriewesen freizumachen, die eigene Kunst selbst zu vertreiben (Multiples) oder nicht vermarktbare Werke zu schaffen (Body Art, Land Art). Die erste Kölner Kunstmesse, der Kölner Kunstmarkt 1967, sollte gleichsam zur ›Demokratisierung‹ einem größeren Publikum Zugang zur zeitgenössischen Kunst ermöglichen. Heute verkörpern Kunstmessen eher das Gegenteil, indem sie die Bestimmungsmacht des Marktes bzw. der großen Galerien und Sammler*innen versinnbildlichen.

In der Nachfolge Marcel Duchamps entstand in den 1960er und 1970er Jahren die erste *institutional critique*, doch auch die Werke dieser Bewegung wurden von Galerien gefördert und vertrieben. Selbst Arbeiten des radikal kritischen Künstlers Hans Haacke, der durch seine scharfen Analysen der finanziellen Querverbindungen zwischen Kapital und Kunstwelt bekannt wurde, fanden Eingang in Ausstellungen sowie private und öffentliche musealen Sammlungen. Die *art world* oder das ›Betriebssystem Kunst‹ vermag eben alles zu integrieren! Mittlerweile ereignen sich die angeregten Debatten über den Kunstmarkt auch auf jenen Podien, die von großen Kunstmessen wie Art Basel und Frieze regelmäßig zur Verfügung gestellt werden: Expert*innen und Künstler*innen aus aller Welt diskutieren dort in aller ›Offenheit‹ und ›Öffentlichkeit‹ über die aktuelle Lage der Künste. Nie war die Welt der Kunst scheinbar transparenter und zugänglicher, doch ist man nicht dazu gezwungen, ›machtlos‹ zuzusehen? Transparenz im Kunstmarkt ist allerdings nicht wirklich erwünscht, so wurde etwa die gerade erschienene App, die mehr Transparenz schaffen sollte, zentral abgeschaltet. Selbst Institutionskritik, zum Beispiel jene von Andrea Fraser, ist inzwischen zu Salonkunst verkommen und versucht gar, Selbstprostitution als ultimativen Akt der Kontrolle über das BSK zu verkaufen.

›WEGE DER KUNST‹
UND METAMORPHOSEN DER ÖFFENTLICHKEIT

Für gewöhnlich ist die erste Station der künstlerischen Karriere eine Galerie, dann folgen eine lokale Ausstellung (Abb. 24) und, bei errungener Aufmerksamkeit, die Aufnahme in eine private Samm-

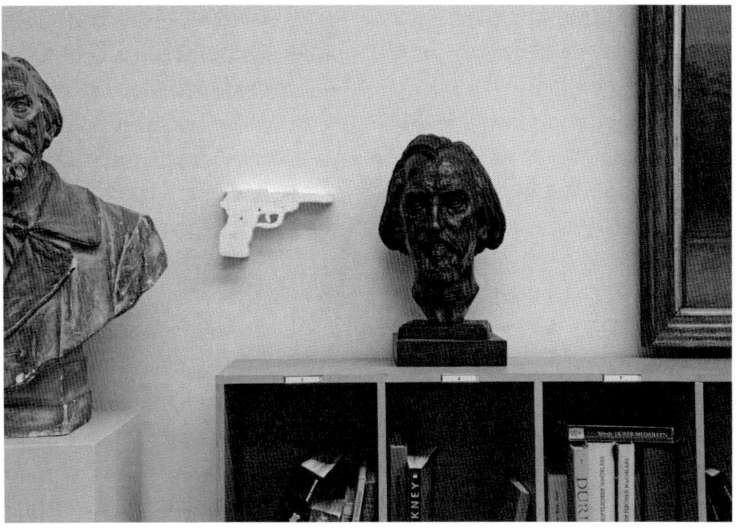

24   Hannes Malte Mahler, Installationsansicht mit Colt aus gesägtem Styropor in der Ausstellung »Sprengpunkte und Haftpunkte«, 2012/13 im KHI (© Jean-Luc Ikelle-Matiba) (vgl. auch Abb. 18, 25, 28)

Anlässlich dieser Ausstellung intervenierte Hannes Malte Mahler mit Gemälden, Objekten, Reliefs und Zeichnungen, die an der Erosion und den Fliehkräften bestehender Seh- und Denkkonventionen arbeiteten. Fragen sollten nicht bloß rhetorisch sein, und seine Werke stellten jene nach der Wirksamkeit von Kunst und Kunstgeschichte.

lung oder ein öffentliches Museum. Zwischen diesen Etappen greifen Galerist*innen, Kritiker*innen, Kurator*innen, Sammler*innen, Museumsdirektor*innen in die Speichen von Fortunas Rad, selten allerdings Kunsthistoriker*innen. Zu Beginn der historischen Moderne entschieden die Beurteilungen herausragender Kritiker (Baudelaire, Zola, Goncourt) und die Kaufentscheidungen des Staates über das Schicksal einer Karriere. Mit der Entstehung von Galerien und einer bürgerlichen Kundschaft erhöhte sich die Zahl privater Sammler, die für das wirtschaftliche Auskommen des Künstlers sorgten, wenn die Aufnahme ins Museum auf sich warten ließ.

Ist moderne Kunst denn nicht nur Ausstellungskunst, sondern sogar Museumskunst? Wohin hat sich das Museum entwickelt, wozu ist es vielleicht auch ›verkommen‹? Kann es noch Speicher des kollektiven kulturellen Bewusstseins sein? Wessen Bewusstsein, jenes der Oberschicht, der Elite einer Gesellschaft in Zeiten heterogener Transformationsgesellschaften? Wer sammelt wie wozu? In den 1970er Jahren waren moderne und zeitgenössische Kunst noch keine Magnete für ein Massenpublikum, sondern interessierten eher eine eingeweihte Öffentlichkeit. Auch die Großausstellungen wie die documenta-Schauen (seit 1955) und die damals noch wenigen Biennalen (Venedig seit 1895, Sao Paolo seit 1951) besuchten Kenner*innen, deren Kapital ihr Vorsprung an Informationen und Wissen war. Mit der Multiplikation von Bilderwelten und Zugriffsmöglichkeiten zum Wissen durch die Zunahme an medialen Mitteln (Werbung, Privatfernsehen, (Musik-)Videos etc., dann Internet und Smartphones) und deren Präsenz seit Ende der 1980er Jahre wandelten sich die Strukturen der Öffentlichkeit. Dieser vor allem von wirtschaftlichen Interessen gesteuerte *economic turn* ließ die visuellen Angebote explodieren und verflüssigte die Grenze zwischen privat und öffentlich. Visuelle Ablenkung und Unterhaltungsangebote machen der Sphäre der ehemaligen Hochkultur stetig Konkurrenz. Um den neuen Bedürfnissen der sogenannten Freizeitgesellschaft entgegenzukommen, öffnete sich gleichermaßen das Museum, wurde zum Forum, zum Labor, zum Ort der Unterhaltung und zunehmend auch der Partizipation. Es setzte immer mehr Mittel und Medien ein, um das Publikum jenseits der realen Grenzen und der Sammlungen zu erreichen, indem es die digitale Medienwelt als Chance nutzte. Dass der erwähnte ›Museumsboom‹ auch Wirtschaftsstandorte ansprechender machen sollte, ist nur eine Facette der sich wandelnden Kulturlandschaft. Als Folge des sich ausbreitenden sogenannten Infotainments bzw. zur notwendigen Erhaltung der Attraktivität innerhalb der sich ausdifferenzierenden Freizeitangebote wurden Moderne und Gegenwart sowie reizvolle Wechselausstellungen gegenüber der Pflege der ständigen Sammlungen bevorzugt. Die neuen Museumsbauten verursachten allerdings auch Folgekosten, die von – trotz Turbokapitalismus chronisch unterfinanzierten – Ländern und Städten kaum getragen werden konnten; dies wurde inzwischen unter anderem von Walter Grasskamp geistreich und ernüchternd erkannt. Zwar ist moderne Kunst als Anlass kultureller Partizipation (sogenannte Blockbuster-Ausstellungen, schillernde Auktionen und Messen) attraktiver geworden, aber die Bestimmungsmächte haben sich verschoben und die reale allgemeine Teilhabe reduziert. Angesichts der Preisentwicklung auf dem Kunstmarkt sind die Ankaufsetats öffentlicher Museen geradezu unbedeutend, so dass der Ausbau der Sammlungen auf die Generosität privater Mäzene angewiesen ist. Allerdings entstanden museale Sammlungen noch nie auf demokratischem Wege, sondern waren immer das Ergebnis geschickter Ausleih- und Schenkungspolitik bewanderter Museumsdirektoren.

WAS ERZÄHLEN DIE KUNSTMUSEEN DER MODERNE?

Die frühen Sammlungen zeugen von den Repräsentationsbedürfnissen und dem Geschmack der Herrschenden. Was reflektieren heutige Museen? Sind sie Spiegel der Marotten und Distinktionswünsche wohlhabender Sammler*innen oder der Museumsdirektor*innen? Als Bild- und Kunstwerke ins Museum kamen und rekontextualisiert werden mussten, wurden sie zunächst nach ästhetischen Kriterien gruppiert. Später, im Versuch einer Etablierung wissenschaftlich oder rational nachvollziehbarer Kriterien, ordnete man sie nach Ursprungslandschaften bzw. Gattungen – entsprechend den Vorgaben der Akademie –, schließlich wurden sie zumeist chronologisch und nach Ländern gezeigt. Die musealen Präsentationen erzählten eine konstruierte Kunstgeschichte, die so nie stattgefunden hatte, zumal die Künstler ja nicht für Kunsthistoriker*innen malten. Gewiss wollte sich Manet in die Kunstgeschichte einschreiben und maß sich deshalb mit Goya und Velázquez; er kommentierte aber auch seine Zeit. Zwar konkurrierten Künstler miteinander (Picasso mit Matisse; Rembrandt antwortete auf Rubens etc.), aber dies geschah stets innerhalb spezifischer Kontexte, die sich museal kaum darstellen lassen. Nicht nur haben sich die kulturellen Vereinbarungen (Allgemeinwissen, Religiosität, Verbundenheit mit den eigenen kulturellen Traditionen) gewandelt, sondern ebenso die Angebote und Zugriffsmöglichkeiten multipliziert und internationalisiert (World Wide Web, Videospiele, Youtube etc.). Dementsprechend haben sich auch Bedeutung und Wirkungsmöglichkeiten traditioneller Institutionen wie des Museums verschoben.

Zudem hat sich das Wissen der Betrachter*innen gewandelt, so dass die prekäre Herkunft mancher Exponate nicht mehr verschwiegen werden kann, sondern begründet und erläutert werden muss.

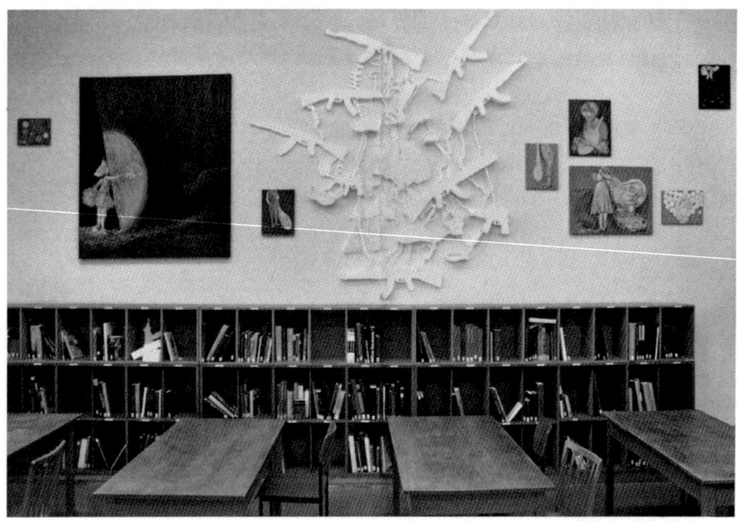

25   Hannes Malte Mahler, Installationsansicht mit Styroporreliefs und Gemälden in der Ausstellung »Sprengpunkte und Haftpunkte«, 2012/13 im KHI (© Jean-Luc Ikelle-Matiba) (vgl. auch Abb. 18, 24, 28)

Im Pariser Centre Pompidou zum Beispiel werden wiederholt neue Hängungen der Moderne erprobt, etwa um die eurozentrische Perspektive zu verlassen, mehr Künstlerinnen zu vertreten oder auch die Entstehungszusammenhänge verstärkt zu vermitteln, statt nur isolierte Produkte aneinanderzureihen. Im 2012 eröffneten Louvre-Lens etwa versucht man gar, in einer ›Galerie der Zeit‹ Kategorien aufzuheben und alle Bildwerke in einem großen Zeitfluss gemeinsam zu zeigen. Dieser vom Architekturbüro SANAA verantwortete Museumsbau wurde bewusst un-imposant, leicht zugänglich und für ein breites Publikum attraktiv gestaltet. Um zu demonstrieren, dass Kunst nicht nur ein Anliegen für Eliten sei, wurde er in einer strukturschwachen Gegend errichtet, somit sind hier noch Impulse spürbar, dem Museum und seiner Form des Angebots von Kunst und Kultur emanzipatorisches Potenzial zuzusprechen. Das Kunstmuseum steht also vor der Aufgabe, die in seine Obhut geratenen Objekte immer neu zu erklären und den Erwartungen der sich verändernden Gesellschaft entgegenzukommen. Was heißt heute ›kulturelles Erbe‹, wenn eine ›Nation‹ zunehmend multikulturell bestimmt wird? Wessen Kunst wird wem auf welche Weise geboten (Abb. 25)?

WELCHE KUNSTGESCHICHTE(N) DER MODERNE GIBT ES?

Während sich zu Beginn der Moderne gerade in Deutschland eine reiche Publizistik bemühte, die neueste Kunst, auch aus dem Ausland, populär und wissenschaftlich zu vermitteln, gab es in der Nachkriegszeit nach den Kontroversen um die Abstraktion in den 1950er und 1960er Jahren jenseits von Ausstellungskatalogen lange keine Abhandlungen zur Moderne. 1954 erschien Werner Haftmanns zweibändiges Werk »Malerei im 20. Jahrhundert«, das ihn auch zum Mitkurator der ersten documenta-Ausstellungen (1955, 1959) qualifizierte. Bis 1976 der erste Katalog der Sammlung Ludwig veröffentlicht wurde, war es das einzige leicht zugängliche Buch zur Moderne in Deutschland. 1966 waren die »Grundlagen der modernen Kunst« von Werner Hoffmann erschienen; das Werk bot aber eine Ideen- und Theoriengeschichte der Moderne auf so hohem intellektuellen Niveau, das es keine Breitenwirkung erfuhr. 1969 positionierte sich zwar das Wallraf-Richartz-Museum mit der legendären Ausstellung »Kunst der sechziger Jahre« spektakulär zur Gegenwartskunst, aber die erste Geschichte der modernen Kunst, nämlich Karin Thomas' »Zweimal deutsche Kunst nach 1945. 40 Jahre Nähe und Ferne« ließ noch bis 1985 auf sich warten; aber die Kunst der DDR ist einbezogen. Thomas hatte bereits 1971 »Bis heute. Stilgeschichte der bildenden Kunst im 20. Jahrhundert« herausgebracht, ein leicht lesbares, handliches Nachschlagewerk. Beide Bücher ignorierte die akademische Kunstgeschichte indessen weitgehend; die Kunst der Moderne überließ man eben den Kurator*innen und den Freundeskreisen der Künstler*innen. Uwe M. Schneedes Band »Die Geschichte der Kunst im 20. Jahrhundert« (2001), in dem der Autor »ein wenig Übersicht ins anscheinend Unübersichtliche zu bringen« versucht, wurde dann als erstes Werk für ›zitierfähig‹ erachtet. Schneede ist zwar wie Thomas und Haftmann ausgebildeter Kunsthistoriker, war aber, mit einem kurzen Zwischenspiel als Universitätsprofessor, überwiegend im Ausstellungs- und Museumswesen tätig. Die Hemmung, sich mit moderner Kunst, gar mit deutscher Moderne, zu befassen, mag eine Nachwirkung der fatalen Vernichtungskampagnen der Nationalsozialisten sein. In Deutschland beschäftigte man sich lieber mit älterer oder unverfänglicher internationaler Kunst. Im englischen und französischen Sprachraum erschienen hingegen zahlreiche Kunstgeschichten der Moderne, die auch in Deutschland als Referenz dienen. Dies führte zu der bemerkenswerten Kluft zwischen der Kunstgeschichte der Museen und jener der Universitäten – ein Phänomen, das hier nicht näher behandelt werden kann. Es waren durchaus Kunsthistoriker*innen und von ihnen organisierte Ausstellungen, die zuweilen die Vorstellungen von Kunst vorangetrieben haben; ein Beispiel ist der berühmte Zyklus der Ausstellungen zur »Kunst um 1800«, den der Kunsthistoriker und Museumsdirektor Werner Hofmann ab den 1970er Jahren veranstaltete. Im Bereich älterer Kunst ermöglichten in der Tat zuweilen große Ausstellungen, einen neueren Stand der Forschung sichtbar werden zu lassen.

Die lange während akademische Zurückhaltung gegenüber Moderne und Gegenwart in Deutschland nach 1945 ist umso überraschender, als gerade deutsche Sammler*innen für Erfolg und Bekanntwerden neuester, zunächst französischer, später US-amerikanischer Kunst massiv verantwortlich waren. Sie sorgten dann auch für die Aufnahme moderner Werke ins Museum und die Zunahme der moderner Kunst gewidmeten Häuser (Haubrich, Ludwig, Goetz, Weisshaupt, Burda, Falkenberg etc.). Das Galerie- und Sammlerwesen wie auch die Auktionshäuser ließen ab den Nullerjahren den Kunstmarkt und Ausstellungsbetrieb florieren.

Im Bereich der neueren Moderne und der Gegenwart hat sich die Frequenz der Ausstellungen dermaßen erhöht, dass eine wissenschaftliche Aufarbeitung schier unmöglich ist. Die documenta, als ›Museum der 100 Tage‹ gegründet, wurde ein Beispiel für immer neue Versuche, eine Kartographie der entstehenden Kunst zu erstellen, wie es auch das Bestreben der Biennalen in Venedig ist. Harald Szeeman, langjähriger Direktor der Berner Kunsthalle und Kurator der documenta 5, hatte überdies zu Beginn der 1970er Jahre den Typus des charismatischen Ausstellungsmachers begründet, der als Katalysator für die Wahrnehmung und die Prägung zeitgeistiger Erscheinungen und Entwicklungen (Arte Povera, Gesamtkunstwerk, Aktionismus) fungierte.

STARKULT VS. MEISTERWERK?

In den 1980er Jahren entwickelte sich, parallel zum Starkult des Films, ein Persönlichkeitskult, der Andy Warhol, Joseph Beuys und eine Dekade lang die sogenannten Jungen Wilden zu Identifikationsfiguren für das Kunstgeschehen werden ließ und den zum Beispiel Jeff Koons, Damien Hirst und Marina Abramović zur Karrierestrategie ausbauten. Fortan sprach man weniger von den Entwicklungen in den Künsten als von deren Protagonist*innen, den sogenannten Maler- oder Kunstmarktstars. Diese waren und sind, wie auch deren Entourage von Kritiker*innen, Galerist*innen und Sammler*innen, nach wie vor zumeist männlichen Geschlechts. Dass sich die Wertschätzung von den Kunstwerken auf deren Schöpfer*in verlagert hatte, ließ sich auch medial bestens nutzen, und neben den Künstler*innen traten mehr und mehr die Sammler*innen und Kurator*innen in den Vordergrund. Wie man beim Theater von ›Regiekunst‹ spricht, könnte man bei der Gegenwartskunst von ›Kurator*innen- oder Sammler*innenkunst‹ sprechen. Die wenigsten Protagonist*innen dieses Starsystems treten zwar selbst durch Wissenschaftlichkeit hervor, wenngleich, wie erwähnt, zu ihren ›Bedeutungserzeugungskombinaten‹ (vgl. S. 18) mitunter durchaus akademisch wirkende Kunsthistoriker*innen gehören.

Das Gros der Publikationen im Bereich moderner und besonders zeitgenössischer Kunst sind entweder Monographien oder Ausstellungskataloge, d. h. ›Promotionsliteratur‹, verfasst von Autor*innen, die an der – nicht nur symbolischen – Wertschöpfung beteiligt sind und vom steigenden Renommee der behandelten Künstler*innen profitieren. Das geschlossene System der Selbstpromotion in Form des wechselseitigen Versicherns der Bedeutsamkeit zwischen Künstler*innen und Sammler*innen, Kurator*innen und Galerist*innen entzieht sich der Kritik, da in der sogenannten freien Marktwirtschaft die Regeln des Spiels von Angebot und Nachfrage nahezu sakrosankt sind. Aber wer bestimmt Angebot und Nachfrage, verleiht Gütesiegel? Eine Ausstellung in einem renommierten Museum wie dem MoMA, der Tate Modern oder des Centre Pompidou, gar die Aufnahme in deren Sammlungen signalisiert, dass die Künstlerin oder der Künstler nicht allein in der Geschichte sondern auch im Olymp der Anerkennung durch Sammler*innen und Markt arriviert ist; die nächsten Auktionsergebnisse werden es bestätigen. Gesprochen wird nur noch von den Instanzen der Bewertung, selten von deren Kriterien. Wertigkeiten wie Preise sind Ergebnisse sozialer Konstruktionen, und die Art, wie sie entstehen, wäre durchaus darstellbar, dies geschieht aber nicht.

Anerkannte Kunstwerke erhöhen den Status seiner Eigentümer*innen, und je größer der finanzielle Aufwand, desto höher das Renommee. Künstlerische bzw. ästhetische Kriterien werden nicht herangezogen, sondern die magische Formel lautet: ›bedeutende/r‹ Künstler/in, in wichtigen Museen ausgestellt. Was aber haben zum Beispiel Gerhard Richter oder Sean Scully zur Malerei der Moderne beigetragen? Was haben Andreas Gurskys Fotoarbeiten de facto dem Medium der digitalen Fotografie hinzugefügt? Wann hört man das Urteil ›brilliant, aber irrelevant‹? Marktwert und kunsthistorische Relevanz haben meist wenig miteinander zu tun, auch wenn das stete Raunen von der Bedeutung der Protagonist*innen dies suggerieren mag. Wolfgang Ullrich stellte unlängst jene argumentativen Kurzschlüsse klug dar, die abseits aller inhaltlichen Diskussionen die marktwirtschaftlichen Gesetzmäßigkeiten in der Kunstwelt regieren. Dies geschieht zwar vermeintlich öffentlich und frei, entzieht sich aber insbesondere aus Gründen der Diskretion und des Datenschutzes der Kritik. Was bedeuten heute ›Öffentlichkeit‹ und ›Freiheit‹? Niemals haben mehr Menschen als heute direkt miteinander kommunizieren und sich informieren können. Hingenommen wird, dass die digitalen ›Öffentlichkeiten‹ (Facebook, Google zum Beispiel) ihre Inhalte zensieren bzw. modulieren, ohne dass sie darüber Rechenschaft ablegen. Ähnliches gilt für das Schicksal der Sammlungen in öffentlichen Museen.

WIE SAMMELT DAS MUSEUM DER MODERNE?

Die meisten öffentlichen Museen verfügen über historisch gewachsene Sammlungen, deren Profil jeweils auf der Entstehungsgeschichte basiert, und bemühten sich lange darum, diese zu vervollständigen bzw. ihr jeweiliges Profil zu pflegen. Im Bereich der Moderne und Gegenwart lässt sich, wie erwähnt, die Vielfalt der Entwick-

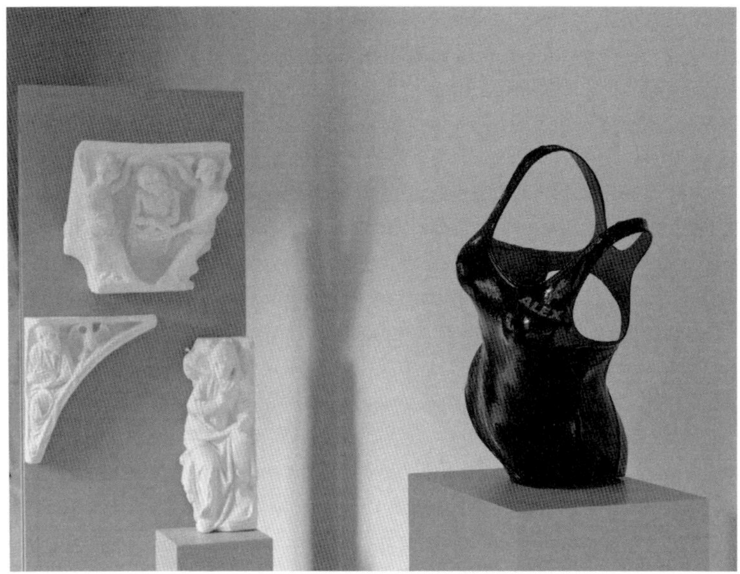

26   Matthias Wollgast, o. T., 2015, Badeanzug, Epoxydharz, auf Holzsockel, Ausstellung »The Age of Neptune« 2016 in der Mittelalter-Abteilung des PCM (© Matthias Wollgast / © VG Bild-Kunst, Bonn 2017) (vgl. Abb. 14, 20)

Die dreidimensionale plastische Ausführung fotografisch gesammelter Motive – z. B. ein Badeanzug – ergibt seltsam entkörperlichte reizvolle Plastiken, die im Dialog mit den Lehrgipsen spätmittelalterlicher Skulpturen zu einer Reflexion des Themas ›Verkörperung‹ einlud.

lungen nicht systematisch darstellen, und mitunter verweigern sich neue Werktypen dauerhafter Konservierung oder gar Präsentation, bedürfen also neuer Ausstellungsformate (Abb. 26). Neue Werkformen bedingen neue Arten der Rezeption jenseits passiven Konsums. Interaktive Kunstwerke oder solche, die eine längere Rezeptionszeit als üblich benötigen, stellen Museum wie Betrachter*innen vor neue Herausforderungen. Abgesehen von diesen technischen und pragmatischen Aspekten müssen Museumsleiter*innen aus der Fülle bestehender und entstehender Entwicklungen eine Auswahl treffen, die sie als relevant für ihr Haus ansehen. Wenn die eigenen Mittel nicht reichen, ist wie schon immer auf die Unterstützung von Mäzen*innen und Sammler*innen zurückzugreifen; dies wird jedoch selten öffentlich bekannt. Jedes Museum verfolgt eine bestimmte Sammelpolitik, die es – ganz im Sinne seines öffentlichen

Auftrags – durchaus kommunizieren kann. Zwischen der Verpflichtung gegenüber den eigenen Traditionen im Hause und dem Wunsch, für das Publikum attraktiv zu sein, verfolgten nicht wenige Museen in den letzten Jahren eine sogenannte Blockbuster-Politik, d. h. man setzte auf bekannte Namen und populäre Themen. Dies führte zu der zuvor beschriebenen referentiellen Selbstbezogenheit der Kunstwelt, die sich zwar im Rad der ›Ruhmesmaschinerie‹ finanziell effektiv dreht, aber nur wenige kunsthistorisch anregende oder nachhaltige Phänomene hervorbrachte. Symptom dieses Leerlaufs ist das Phänomen des sogenannten Reenactments: Nicht allein werden inzwischen als relevant angesehene frühere Ausstellungen rekonstruiert, sondern es wiederholen auch in die Jahre gekommene Künstler*innen ihr eigenes Frühwerk (»Remix« von Georg Baselitz) oder berühmte Aktionen von Vorgänger*innen (Abramovićs Reenactments eigener Aktionen oder jener von Valie Export aus den 1970er Jahren). Diese künstlerischen Ereignisse, die ihre Relevanz aus der damaligen Reflexion zeittypischer Aspekte von Kunst und Gesellschaft gewannen, werden nur noch als leere Hüllen gleichsam zu Tode verehrt.

MUSEUM VS. KUNST?

Eine kritische bzw. abweichende Kunst wird dann, wenn sie museal präsentiert wird, gleichsam gezähmt und ›konsumierbar‹. Ist also das Museum wirklich der adäquate Ort für Kunst? Da es heute keine freie Öffentlichkeit mehr gibt, sondern alles privatisiert und ökonomisiert ist, kann und sollte das öffentliche Museum ein Freiraum jenseits wirtschaftlicher Interessen sein. Wird es zum Reservat, zum Rückzugsort, zur Gegenöffentlichkeit, zum Ort der Freiheit? Dies kann es jedoch nur sein, wenn es im staatlichen Auftrag, frei von marktwirtschaftlichen Interessen agieren kann. Zwischen den Zwängen der Rentabilität (Besucherquote) und den vermeintlichen Event-Erwartungen (Blockbuster-Politik) ist die Teilhabe am aktuellen Geschehen zu gestalten. In Deutschland können Museen angesichts der zahlreichen Orte (Kunstvereine, Kunsthallen, Privatmuseen, Galerien, Messen), an denen man moderner und aktueller Kunst begegnen kann, eine jeweils eigene, auch marktferne bzw. vom

Markt unabhängige Position der Auslegung dessen beziehen, was sie als relevant und nachhaltig ansehen.

WAS HEISST HEUTE ›FREIHEIT DER KUNST‹?

Die Einschätzung der Bedeutung von Kunst in der Gesellschaft erstreckt sich von Bewertung, dass es ›ja nur Kunst‹ sei, bis hin zur Verteidigung der ›Freiheit der Kunst‹. Ist in der Kunst also alles erlaubt? Weil sie im Grunde harmlos ist? Warum sind aber Künstler*innen die Ersten, gegen die sich der Unmut von Diktatoren richtet? Warum hören wir dann nicht auf sie? Seit dem Tod von Joseph Beuys (1986) werden kaum noch Fragen nach der Rolle der Kunst in der Gesellschaft gestellt. Es gibt durchaus Künstler*innen (zum Beispiel Adrian Piper, Walid Raad, Barbara Kruger, Haroun Farocki, Mona Hatoum, Kader Attia, Michaela Melián), die mehr wollen, als luxuriöse Ausstattungen für exklusive Sammlungen zu produzieren (Abb. 27). Dennoch wird Kunst zurzeit in der Öffentlichkeit weitgehend als Luxusprodukt wahrgenommen. Es fällt schwer, die Anliegen engagierter, kritischer Künstler*innen wertzuschätzen, wenn diese, wie Olafur Eliasson oder Pierre Huyghe, sich als (institutions-)kritisch und politisch verstehen und feiern lassen, aber bedenkenlos zur Ausstattung neuer, extrem luxuriöser Privatmuseen bzw. privater Kunstinstitutionen, zum Beispiel der Fondation Vuitton in Paris, beitragen. Thomas Hirschhorn oder Ai Wei Wei, die sich vehement politisch verstehen, haben keine Probleme damit, dass ihre Werke als hochpreisige Angebote bei art unlimited (Art Basel) angeboten werden und nur noch von deren Sammelwert gesprochen wird. Auch wenn negative Kritiken etwa gegenüber Ai Wei Wei gewagt werden, schaden sie der Bekanntheit und dem Ruhm weder des Künstlers noch seiner Sammler*innen. Die begleitende Flut an ›Promotionsliteratur‹ enthält viele Informationen, produziert aber wenig Wissen. Ein zentrales Handicap beim Studium der Kunstgeschichte besteht darin, aus der Fülle vorhandener Literatur brauchbares, relevantes und gesichertes Wissen zu destillieren. Das Gros der Studierenden an Kunstakademien wird zudem nie von seiner Kunst leben oder auch nur größere Anerkennung genießen können. Aber es gibt mehr interessante und relevante Künstler*innen als jene, die der Zeitgeist in

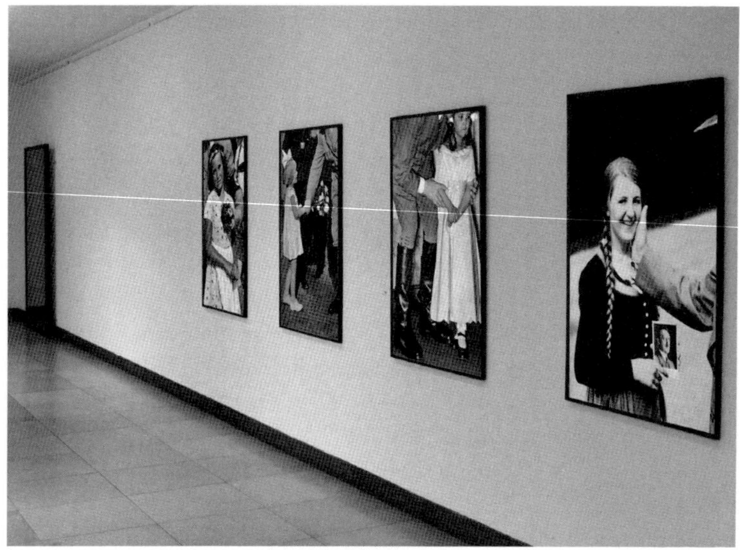

27   Stefan Hunstein, Gesten, 2003, Ausstellung »Sind Bilder Erinnerungen? Wer träumt, wenn ich träume?« 2006 im KHI (© Stefan Hunstein) (vgl. auch Abb. 1, 12)

In seiner Ausstellung, in der er Formen der Auseinandersetzung mit der Vergangenheit befragte, nutzte Stefan Hunstein einen zweiten fotografischen Blick auf historische Bilder: Er operierte mit Detailvergrößerungen bestehender Fotografien, die Hitler in der Öffentlichkeit zeigen, um auf die sonst übersehenen Dimensionen von Zwang und Gewalt aufmerksam zu machen.

den Fokus allgemeiner medialer Aufmerksamkeit gerückt hat. Dank der zahlreichen, auch digitalen Medien vermag sich allerdings jede/r Interessierte über die Schlagzeilen und offiziellen Trends hinaus einen breiteren Überblick zu verschaffen.

INFORMATION VS. WISSEN?

Wir sind von einer ununterbrochenen Informationen- und Bilderflut umgeben, im Grunde entmündigt durch eine Technologie, die scheinbar alles bietet, nur nicht eigenes Suchen, Finden und Denken. Statt die vielen Dienstleistungsmöglichkeiten zu nutzen, sind wir inzwischen zu deren Sklaven geworden: Wer schlägt noch etwas nach, statt eine Suchmaschine aufzurufen, die das anbietet, was sie für adäquat hält? Bildende Kunst hält keine Antworten bereit, sondern hinterfragt die ›Ontologie unserer Gegenwart‹, befragt Verfasstheit und Befindlichkeit unserer Zeit, fragt nach den Bedingungen gegenwärtiger Existenz, statt uns Bedürfnisse vorzugaukeln und deren Befriedigung zu versprechen. Kunst kann und muss nicht immer leicht konsumierbar sein, sie fordert uns zur Stellungnahme heraus im Gegensatz zur Masse der Bilder, die uns umgeben und bevormunden wollen. Vor einigen Jahren ergab eine Umfrage des Magazins »Spiegel«, dass fünfzig Prozent der deutschen Jugendlichen Künstler*innen werden wollten, vermutlich weil ihnen dies freie Entfaltung versprach. Doch folgt Kunst augenscheinlich anderen Gesetzmäßigkeiten und bietet bei aller Freiheit für gewöhnlich wenig wirtschaftliche Sicherheit. Sie spricht nicht jede/n an, bedarf der Vermittlung, wird jedoch in den Bildungscurricula weniger als Notwendigkeit denn als ein Extra, gar als Luxus angeboten – eine unhinterfragte Diskriminierung vonseiten der Schul- und Kulturpolitik.

Als das Museum entstand, wurde es als wichtige Instanz zur ästhetischen, moralischen und zivilen Formung der Bürger*innen verstanden; heute dagegen gehört es zur Freizeitgestaltung. In Zeiten von Effizienzdenken und ökonomischen Diktaten widerfährt der Kunst Aussonderung und Diskriminierung zum elitären Luxusobjekt. Die Teilhabe an der Kunstproduktion verspricht weniger gesellschaftliche Relevanz als vielmehr Distinktion und Renommee, basierend auf ökonomischem Erfolg. In diesem Kontext bekommt sie bislang wenig Schützenhilfe vonseiten der Kunstgeschichte, außer von jenen Protagonist*innen der Disziplin, die sich allzu bereitwillig an der Gewinn bringenden Bedeutungserzeugung beteiligen. Vor lauter methodischem Wettrüsten innerhalb der Disziplin und Ignoranz gegenüber den Realitäten marktwirtschaftlicher Bedingungen, die zu den Grundlagen klassischen kunsthistorischen Vorgehens gehören, hat das akademische Fach die Öffentlichkeitswirksamkeit und kritische Bewertung der Kunst zunehmend dem Markt überlassen. Museen und Ausstellungen schreiben Kunstgeschichte, sind aber zurzeit den Mächten des Marktes (Galerien, Sammler*innen, Auktionshäusern) und den Bedeutungserzeugungskombinaten (Allianzen zwischen Bluechip-Künstler*innen, Kritiker*innen, Galerien, Kurator*innen und Sammler*innen) zu sehr ausgeliefert.

WOZU KUNSTGESCHICHTE?

Zur Kunst der Moderne und Gegenwart gibt es durchaus kritische und aufschlussreiche wissenschaftliche Studien, die jedoch selten an eine breitere Öffentlichkeit dringen, und kein/e Nachwuchswissenschaftler/in würde seine mögliche Karriere gefährden, indem sie/er gerade waltende Größen oder Institutionen zu sehr kritisierte. Kunstgeschichte könnte ihre eigene Ideengeschichte und Allianzen breitenwirksamer reflektieren und die Museen bei Pflege, Nutzung und Umdenken der Präsentationen ihrer Sammlungen oder bei der Reflexion der Entwicklungen jenseits der Gebote des Zeitgeistes und der Marktinteressen unterstützen (Abb. 28). Warum müssen Museen immer die Werke der bereits renommierten Künstler*innen sammeln? Verhielten sie sich bei ihrer Sammelpolitik entschiedener frei vom Markt, so etablierten sie dank ihrer geschichtlich fundierten Autorität und Kompetenz andere Kriterien und Themen und würden wieder interessanter. Statt Auktionshäuser bzw. Messen vorrangig im Blick zu haben, könnten sie Kolloquien und Debatten zu aktuellen Aspekten auch älterer Kunst veranstalten. Wie Museen die Verfasstheit einer Gesellschaft spiegeln, zeigen die Diskussionen um das Berliner Humboldt Forum, die ein Symptom der derzeitigen Schieflage der Kultur in Deutschland sind: Die Debatte über die zentrale Problematik des Umgangs mit Kunst und Kultur ›anderer‹, ›nicht-westlicher‹ Provenienz, die international bereits geführt wurde, erfolgt im Fall des Humboldt Forums nicht öffentlich. Bei dem Bau, der dieses wichtige Projekt aufnehmen soll, handelt es sich um das wiedererrichtete Berliner Schloss. Er wurde somit nicht dafür entworfen, erweist sich als ungeeignet und führt entsprechend zu unlösbaren Problemen in der Präsentation der Objekte. Die kulturelle Ausdifferenzierung der Bevölkerung und die Arbeitswelt wandeln sich viel rascher, als die schwerfällige akademische Welt reagieren kann. Die notwendige Revision der Kartographie der Wissenschaften folgt nicht den Bedürfnissen der notwendigen Neubestimmung des Umgangs mit der eigenen und mit anderen Kulturen sondern jenen der sogenannten Bologna-Reform, die die Bildung zu Ausbildung degradiert, um scheinbar besser auf einen sich schnell verändernden Arbeitsmarkt vorzubereiten. Die akademische Disziplin ist in einer seltsamen Zwickmühle zwischen einerseits der Verpflichtung einer

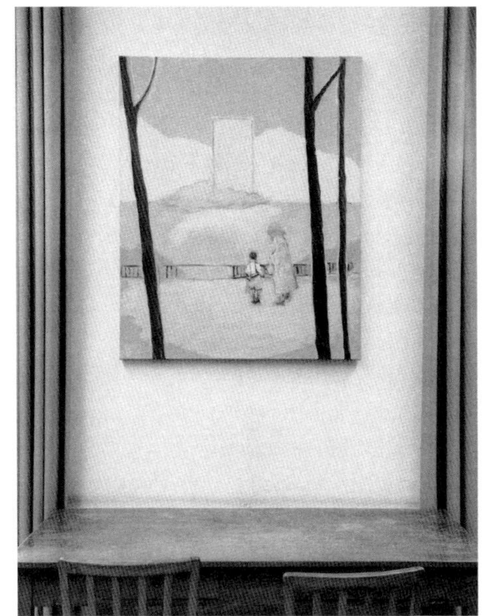

28 Hannes Malte Mahler, Installationsansicht mit Gemälden in der Ausstellung »Sprengpunkte und Haftpunkte«, 2012/13 im KHI (© Jean-Luc Ikelle-Matiba) (vgl. auch Abb. 18, 24, 25)

Das Gemälde zweier verlassener Figuren in einer seltsamen Landschaft hat Hannes Malte Mahler bewusst wie einen Fensterausblick unmittelbar vor einem Arbeitstisch im Lesesaal des KHI angebracht, um die Studierenden mit einem Original zu konfrontieren. Bekanntlich arbeitet die Kunstgeschichte für gewöhnlich mit Reproduktionen.

Tradition, die in ihrer Dimension als ›Herrschaftswissen‹ und ihrer Beteiligung am Unbehagen der Moderne bislang kaum reflektiert ist, und andererseits dem Versuch, das Verpasste aufzuholen und dem Zeitgeist vorauszueilen, in dem zwar den modischen *turns* (*iconic, linguistic, spatial, performative, global turn* etc.) gefolgt, aber zu wenig der eigene gesellschaftliche Auftrag überdacht wird.

Zurzeit werden allenthalben ›kuratorische Studien‹ eingerichtet, entsprechend der momentanen Macht der Kurator*innen in der Kunst der Gegenwart; aber warum musste es so lange dauern, bis zum Beispiel die gesellschaftspolitischen Konsequenzen vernachlässigter wissenschaftlicher Provenienzforschung eklatant wurden? Kunstgeschichte, in Deutschland auch Kunstwissenschaft genannt, verfügt über die Kompetenz und die Ressourcen, Genese und Werden von Sammlungen, Museen und Diskursen zu rekonstruieren und verständlich zu machen. Bisher nur überlieferte, aber nie in Frage gestellte Kategorien der Kunstgeschichte sollten überdacht werden, etwa obsolet gewordene, auf die Renaissance zurückgehende klassische Kunstbegriffe, die innerhalb der westlichen Kultur zahlreichen Bildpraktiken den ›Kunststatus‹ verweigern, ganz zu schweigen vom

Ausschluss aller nicht-europäischen Schöpfungen. Eine fundamentale Revision überkommener historischer Kunstvorstellungen, wie sie zum Beispiel Jean de Loisy am Palais de Tokyo in der Ausstellung »Le Bord des Mondes« (2015) vornahm, wird viel zu selten erprobt bzw. riskiert. De Loisy befragte die Bestimmungen von Kreativität radikal, indem Besucher*innen sogenannter Outsider-Kunst auf Augenhöhe mit jeglicher Form ästhetischer Praxis welchen Ursprungs auch immer begegnen konnten. In Moderne und Gegenwart hat Kunstgeschichte den Auftrag, beobachtend zu dokumentieren und, wenn möglich, vergleichend Differenzierungen und Kriterien zu entwickeln. Sie kann zwar nicht frei vom Geist ihrer Zeit sein, dies aber reflektieren sowie argumentierend Annäherungs-, Verstehens- und Verständigungsmodelle anbieten, statt wie die gängige Währung der ›Promotionsliteratur‹ bloße Behauptungen aufzustellen. Dabei braucht sie nicht unbedingt mit den Trends des aktuellen Kunstmarkts konform zu gehen; das könnte zu eingeschränkten Publikationsmöglichkeiten führen, sollte aber kein Hindernis sein, insbesondere wenn es gelänge, Museen wieder als eigene Instanzen zu stärken und die Erkenntnisse einer sachlicheren und weiter gefächerten Betrachtung, über jene des gerade waltenden Kunstmarktes hinaus, einem größeren Publikum zugänglich zu machen.

Museen erinnern als Orte, in denen Kunst mehr als ein Statussymbol, ein Markenprodukt oder ein Tourismusfaktor ist. Auch sollte man vom autoritären Habitus Abstand nehmen und statt ohnehin unmöglicher verbindlicher Deutungen eher geistige Angebote bereithalten. Es kann nicht mehr darum gehen, einen Kanon allgemeingültiger Werte- und Urteilsnormen vorzulegen, sondern im Gegenteil dessen Sinn- und Nutzlosigkeit positiv zu vermitteln. Das Wissen und die Expertise sollte nicht zur Anmaßung einer absoluten Deutungshoheit sondern zur Herausbildung neuer Wege und Modi der Vermittlung innerhalb der eigenen Kultur ebenso wie zwischen den Kulturen führen. Das Museum sollte sich als ein Ort diskursiver statt autoritärer kultureller und künstlerischer Wertebestimmung jenseits des ›Kapitalanlage-Denkens‹ öffnen. In der heutigen Vielzahl visueller und digitaler Angebote in Alltags- und Unterhaltungskultur wird es für Kunst immer schwieriger, Aufmerksamkeit und Wirkung zu erzielen. Wie können sich die Bildenden Künste überhaupt gegen den allgegenwärtigen visuellen Trash noch behaupten? Künstler*innen hinterfragen immer wieder ihr Handeln, definieren es immer wieder neu, machen deutlich, wie wenig selbstverständlich das Phänomen Kunst mittlerweile ist und dass die Vereinbarung darüber, was Kunst sei, stets neu ausgehandelt werden muss. Eine vom Markt unabhängige Instanz wie die Kunstgeschichte kann sie dabei unterstützen und daran erinnern, dass es noch andere Parameter als den kommerziellen Erfolg gibt. Kunst zu erfahren, zu erleben und kennenzulernen, hängt nicht von deren Besitz ab; aber dies gerät zunehmend in Vergessenheit.

›EINE‹ KUNSTGESCHICHTE ›DER‹ MODERNE?

Ebenso wenig wie es ›eine‹ Moderne gibt, gibt es auch ›eine‹ Kunstgeschichte. Der Ethnologe und Anthropologe James Clifford formulierte 2014 auf der erwähnten Tagung in Amsterdam, der Weg müsse »from the Art World to the Worlds of Art« gehen. Der diskriminierende Umgang westlicher Museen mit den Bild- und Kunstwerken anderer Kulturen müsse revidiert werden. Seine Aussage lege ich jedoch so aus, dass man die Aufmerksamkeit von der sogenannten Kunstwelt, dem ›Betriebssystem Kunst‹, fortan auch wieder mehr auf die Vielfalt der bildnerischen Praktiken lenken sollte. Was heißt es, zeitgenössisch zu sein? Wie definieren die Künstler*innen ihre Art, in der Zeit zu sein? Sie führen vor, dass es in ein und derselben Zeit parallel verschiedene Zeitlichkeiten und Formen der Zeitgenossenschaft gibt, zum Beispiel nicht nur eine Moderne sondern viele Modernen und Modernitäten; dies führt zu größerer Offenheit und Toleranz. Indem sich zeitgenössische Künstler*innen der Bilderflut stellen, zeigen sie, dass diese nicht nur passiven Konsum zur Folge haben muss. Entgegen einer Kunstkritik, die sich mit Hofberichterstattung begnügt, kann Kunstgeschichte die Botschaften einer ›visuellen Mündigkeit‹ unterstützen, wie auch jene, dass ein anderes Sehen und ein anderes Bildermachen möglich sind (Abb. 29). Es ist an der Zeit, die zuletzt in Vergessenheit geratenen Dimensionen und Ebenen von Kunst wieder hervortreten zu lassen, um daran zu erinnern, dass sie mehr ist und sein kann als nur Statussymbol. Statt weiterhin ›Herrschaftswissen‹ zu produzieren, kann Kunstgeschichte zu einer Vermittlungswissenschaft zwischen verschiedenen Bild-

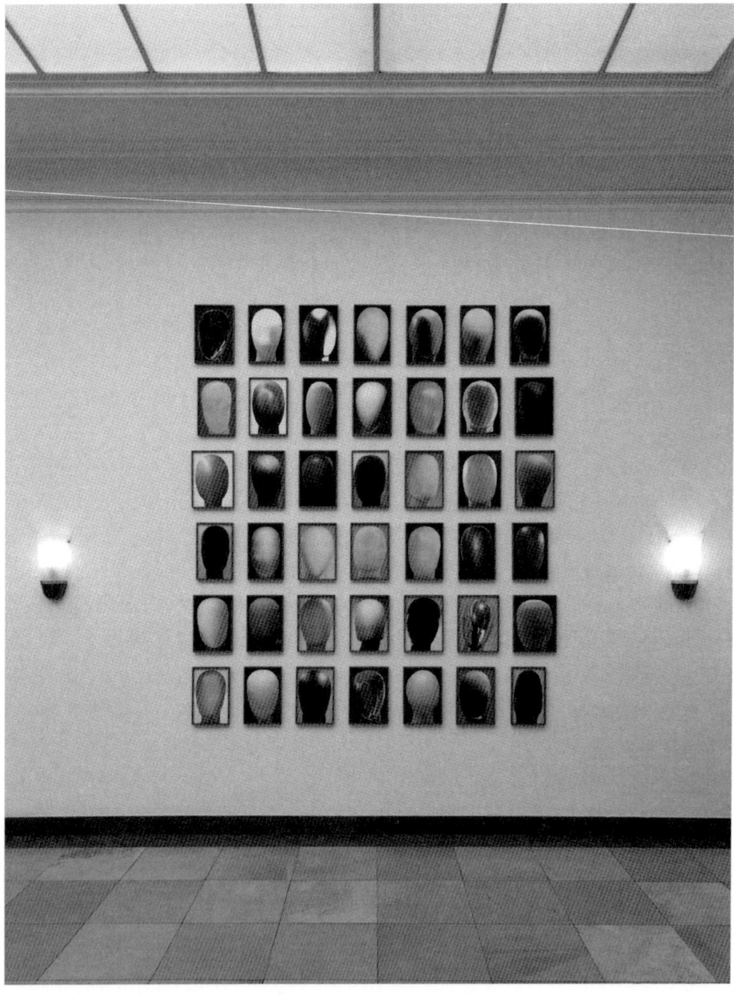

29   Louisa Clement, Köpfe, 2015, Ausstellung »Déjà Vu« 2016 im PCM (© Jean-Luc Ikelle-Matiba) (vgl. auch Abb. 2, 7, 11)

In ihrer Serie »Köpfe« lotet Louisa Clement die Frage nach dem Porträt bzw. der Entgesichtung im Zeitalter des Selfies aus. Woraus besteht Individualität?

kulturen, den eigenen und den fremden, avancieren. Neben der Geschichte, auch ihrer eigenen, kann und sollte sich die Kunstgeschichte den Herausforderungen zeitgenössischer Kunstpraktiken aussetzen; denn diese sind nicht selten seismographisch unserer Wahrnehmung der Welt voraus bzw. bieten andere Perspektiven auf das Geschehen, als es unsere medial überflutete Betrachtung im Alltag ermöglicht. Beobachtung und Analyse von Moderne und Gegenwart erzeugen ein Sensorium für mögliche Zugänge zum medialen, sozialen und politischen Wandel unserer Gesellschaft und Kultur, liefern Mittel zur differenzierteren Wahrnehmung der Verfasstheit unserer Zeit.

Heute spricht man gelegentlich von *post-contemporary*, vom postzeitgenössischen Zustand, der als grundlegende These unter anderem auf der 9. Berlin Biennale 2016 postuliert wurde. Eine Auseinandersetzung mit Konzept und Programm der Berlin Biennale bietet viele aufschlussreiche Einblicke in unsere kulturelle und politische Verfasstheit. Sie führt zum Beispiel vor, dass man heutzutage auch durch raffiniert inszenierte Affirmation Kritik üben, d. h. durch neue Modalitäten sein Bewusstsein schärfen kann. Sie macht auf neue Sensibilitäten und ästhetische Qualitäten aufmerksam. Jede

30   Hannah Schneider, Solo Aqua, Wasserzeichnung, Moving Pictures, 3:49 min, Frantoio Montevettolini, 2012, Ausstellung »Hannah Schneider contemporary 2013« im PCM (© Hannah Schneider / © VG Bild-Kunst, Bonn 2017) (vgl. auch Abb. 5)

Im Rahmen der Ausstellung wurde u. a. die Dokumentation ihrer Wasserzeichnungen gezeigt: Hannah Schneider malte an die Wände italienischer Bauten mit Wasser Bilder, die in der Sonne wieder verlöschten. Wie lange will ein Kunstwerk betrachtet werden? Muss man ein Werk besitzen, um es zu erfahren und zu genießen? Die Dokumentation der Vergänglichkeit macht überhaupt erst auf diese besondere Dimension aufmerksam.

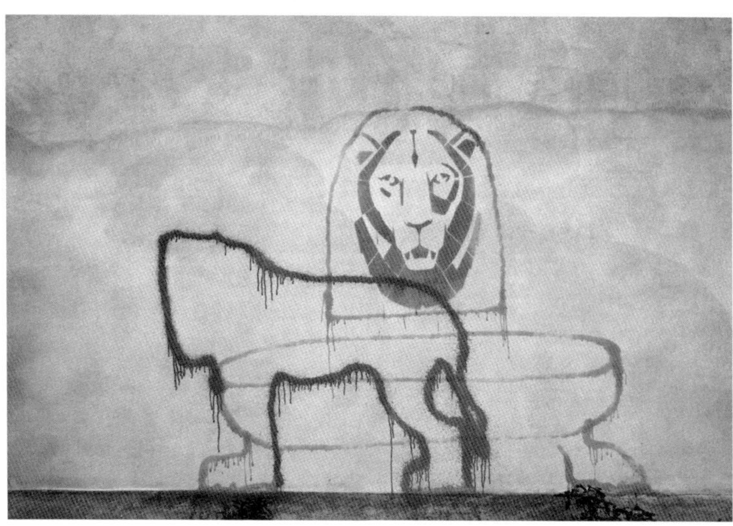

Generation muss ihren eigenen Zugang zur Vergangenheit finden und Vergangenes sowie Traditionen aktualisieren bzw. dessen gegenwärtige Bedeutung, also Zeitgenossenschaft erfahren und erarbeiten. Welches bessere Medium als einen reflektierten Umgang mit der Fülle an Bild- und Kunstwerken gibt es dafür? Die radikale Hinwendung der Berliner Biennale im Jahr 2016 allein zum Aktuellen wirft viele Fragen auf und verweist auf die Legitimationskrise der Geschichte, so wie sie betrieben wird. Die Botschaften der Kurator*innen und Künstler*innen deutend kann auch Kunstgeschichte andere Wege im Umgang mit Gegenwart und neue Zugänge zur Vergangenheit erproben.

Zeitgenössische Kunst bietet keine Antworten, sondern nurmehr weitere Fragen, aber sie schärft unsere Wahrnehmung für unser Dasein und Sosein in der Welt (Abb. 30). Wer möchte sich diese Herausforderung und Möglichkeit zu kritischer Zeitgenossenschaft entgehen lassen und sich nur in die vermeintlich gesicherten Gänge akademischer Reservate zurückziehen? Statt zum Rückzug sollte die Position zur Entwicklung marktinteressenfreier Annäherungen und Positionierungen dienen. Warum befasst man sich mit Kunst? Warum lehrt man? Um zu belehren oder um Energien der Transformation zu vermitteln, zu erzeugen und zu empfangen?

LITERATURVERZEICHNIS

Bott, Gerhard (Hg.), Das Museum der Zukunft. 43 Beiträge zur Diskussion über die Zukunft des Museums, Köln 1970

Demand, Christian, Die Invasion der Barbaren. Warum ist Kultur eigentlich immer bedroht, Springe 2014

Duncan, Carol, Civilizing Rituals: Inside Public Art Museums, New York 1995

Grasskamp, Walter, Museumsgründer und Museumsstürmer: Zur Sozialgeschichte des Kunstmuseums, München 1981

Grasskamp, Walter, Das Kunstmuseum. Eine erfolgreiche Fehlkonstruktion, München 2016

Groebner, Valentin, Das Mittelalter hört nicht auf. Über historisches Erzählen, München 2008

Heidenreich, Stefan, Was verspricht die Kunst, Berlin 1998

Herbert, Martin, Tell them I said no, Berlin 2016

Karich, Swantje und Dath, Dietmar, Lichtmächte. Kino – Museum – Galerie – Öffentlichkeit, Zürich 2013

König, Kasper, Best Kunst. Das Leben von Kasper König in 15 Ausstellungen, Köln 2016

Lee, Pamela, Forgetting the Art World, Cambridge, MA 2012

Loisy, Jean de (Hg.), Le Bord des Mondes (At the Edge of the Worlds), Katalog zur Ausstellung im Palais de Tokyo, kuratiert von Rebecca Lamarche Vadel, Paris 2015

Metz, Markus und Seeßlen, Georg, Geld frisst Kunst – Kunst frisst Geld. Ein Pamphlet, Berlin 2014

Mishra, Pankaj, Aus den Ruinen des Empires. Die Revolte gegen den Westen und der Wiederaufstieg Asiens, Frankfurt am Main 2013

Munder, Heike und Wuggenig, Ulf (Hg.), Das Kunstfeld. Eine Studie über Akteure und Institutionen der zeitgenössischen Kunst, Zürich 2012

O'Doherty, Brian, In der weißen Zelle. Inside The White Cube, Berlin 1995

O'Doherty, Brian, Atelier und Galerie. Studio and Cube, Berlin 2012

Rautenberg, Hanno, Und das ist Kunst? Eine Qualitätsprüfung, Frankfurt am Main 2007

Rautenberg, Hanno, Die Kunst und das gute Leben. Über die Ethik der Ästhetik, Berlin 2015

Smith, Terry, What is Contemporary Art?, Chicago 2009

Staniszewsky, Mary Anne, Believing is Seeing: Creating the Culture of Art, New York 1995

Thompson, Don, The $12 Million Stuffed Shark: The Curious Economics of Contemporary Art, London 2012

Thornton, Sarah, Sieben Tage in der Kunstwelt, Frankfurt am Main 2009

Ullrich, Wolfgang, Siegerkunst. Neuer Adel, teure Lust, Berlin 2016

Voss, Julia, Hinter weißen Wänden. Behind the White Cube, Berlin 2015

Wolter-von dem Knesebeck, Harald (Hg.), Paul Clemens Erbe. Das Kunsthistorische Institut Bonn, Berlin 2014 (Opaion. Schriften aus dem Kunsthistorischen Institut Bonn, Bd. 1)

Lektorat: Eva Maurer, Deutscher Kunstverlag
Layout: Anika Hain, Deutscher Kunstverlag
Covergestaltung: Hannes Malte Mahler (HMM)
Satz: Angelika Bardou, Deutscher Kunstverlag
Reproduktionen: Birgit Gric, Deutscher Kunstverlag
Druck und Bindung: Elbe Druckerei Wittenberg GmbH
Coverabbildung: Hannes Malte Mahler, Installationsansicht mit Colt aus gesägtem
Styropor in der Ausstellung »Sprengpunkte und Haftpunkte«, Detail, 2012/13 im
KHI (© Hannes Malte Mahler)
Frontispiz: Heather Sheehan, (w)hole wall, Detail, 2014/15, wasserlösliches Graphit
auf Wand, 325 cm × 484 cm, SAM Köln (© Alistair Overbruck / © VG Bild-Kunst,
Bonn 2017)

Bibliografische Information der Deutschen Nationalbibliothek
Die Deutsche Nationalbibliothek verzeichnet diese Publikation in der
Deutschen Nationalbibliografie; detaillierte bibliografische Daten sind
im Internet über http://dnb.dnb.de abrufbar.

© 2. Auflage 2018 Deutscher Kunstverlag GmbH Berlin München
Paul-Lincke-Ufer 34
D-10999 Berlin
www.deutscherkunstverlag.de
ISBN 978-3-422-07380-7